太极拳技击解密系列之二

传统太极拳技击的原理、习练方法及应用

于浩俊 著

人民体育出版社

图书在版编目(CIP)数据

传统太极拳技击的原理、习练方法及应用 / 于浩俊著． - 北京：人民体育出版社，2017
（太极拳技击解密系列：2）
ISBN 978-7-5009-5120-9

Ⅰ.①传… Ⅱ.①于… Ⅲ.①太极拳－研究
Ⅳ.①G852.11

中国版本图书馆 CIP 数据核字（2017）第 017341 号

*

人民体育出版社出版发行
三河兴达印务有限公司印刷
新 华 书 店 经 销

*

787×960 16 开本 7.5 印张 112 千字
2017 年 8 月第 1 版 2017 年 8 月第 1 次印刷
印数：1—5,000 册

*

ISBN 978-7-5009-5120-9
定价：25.00 元

社址：北京市东城区体育馆路 8 号（天坛公园东门）
电话：67151482（发行部） 邮编：100061
传真：67151483 邮购：67118491
网址：www.sportspublish.com

（购买本社图书，如遇有缺损页可与邮购部联系）

前　言

　　本书为追求太极功夫的仁人志士所作，向您展示您可能只听过传说但从不曾真正见过的曾经威震武林的太极拳真面貌。

　　现在流行的太极拳已经逐渐演化成为一种以健身为主导的体育运动，与以技击为目的而发明出来的太极拳几乎没有相似之处，所以在阅读本书时，请您不要以您以前对太极拳的观点来与本书作比对，要带着完全未知的心态阅读本书，才能了解传统太极拳的技击原理、习练方法及应用。

　　陈长兴、杨露禅、吴鉴泉、武禹襄、孙禄堂等前辈大师的功夫威震武林，太极拳被发明出来的目的就是为了技击。但是，由于过去功夫就是饭碗的时代，真正的太极功夫是只传子孙不传徒弟的宝贝，徒弟得到的只是外形动作，这就是杨露禅先生偷拳十八年的原因。他偷的不是太极拳的外形套路动作，而是太极拳内里的能量传簇。而得到真传的子孙也不一定都能练出极高的功夫，所以能真正得到太极功夫并传承太极拳的人凤毛麟角。就连这凤毛麟角的懂得太极拳的人也受门派规矩约束，不将功夫外传。另外，由于新中国成立以前的战乱以及后来的文化大革命对传统文化的打击，严重影响了太极拳的传承，以至于武术大师王芗斋先生在1940年答记者问中就曾说过：太极拳被谬传久矣。

　　前辈大师们所写的有关太极拳的书中的论述依然隐含着对真正的太极功夫不外露的念头，其内容都是功夫成就后的感受和结果，根本就不写具体的习练方法，只有已经具备太极功夫的人才能看懂，所以如果直接按照前辈大师们的论述去学习太极拳，就是拿功夫的结果当过程来习练，本末倒置了，永远练不出真功夫。

　　我从小习练武术，长大后习练散打，1995年开始习练太极拳，但是总感觉不得要领，不出功夫，求人问书四处找师傅却怎么也找不到原因，甚至开始怀疑杨露禅等大师的功夫只是传说。2009年我遇到卜金玉大师，被大师打了一拳，贯穿身体，被钉在地上魂飞魄散，体会到了《逝去的武林》一书中所写的被钉的感觉，才知道这就是真正的太极拳！我至今已经师从卜金玉大师学习太极拳8年了。

师父习武几十年，已经是清心寡欲不问世事而专心于太极了。我随着太极功夫的增长，越来越感觉到太极拳是个宝贝，是前辈大师们对技击和人体发力机制研究探索的结晶，是中华民族传统文化的精华。我对太极拳的绝世功夫逐渐消失越来越感到痛心，于是向师父请示，师父开明，同意我把太极功夫的技击原理、习练方法和应用公之于众，以让太极拳更好地传承下去，让世界看到真正的太极拳，让太极拳在擂台上与世界各派功夫同台竞技，这就是我写本书的原因。

太极拳从小孩到老人均可习练，并且如果按照我所写的方法习练，精气神（能量）在体内五脏六腑、奇经八脉中游走，仅从健身角度来讲也具有极大的价值。所以，虽然本书是为追求太极功夫的武者所作，但常人均可按照本书所写的原理和方法习练太极拳健身。

天下太极拳都是一样的，其本质就是一种在肌肉不紧张状态下的发力方式，只是各派太极拳的具体的习练形式和技击方式的侧重点不同。为了整个太极拳的发展和振兴，我只介绍太极拳和太极功夫的共性的内容，就是太极拳特有的发力及能量传簇方式。现在正在习练各式太极拳的人们可以继续习练所练的太极拳，只是要把我所写的太极拳共性中的内里习练方法加入进去，就可以习练出功夫，而不仅仅止步于会打套路动作。

太极拳的技击原理极其简单，只是需要苦练加悟性才可出功夫，所以本书内容虽不多，但却蕴含着太极拳的精髓。大家习练时，按照我说的要点习练，不过多思考探究，习练多了，自然就会随着功夫的出现和加深而理解前辈大师们对太极拳的论述。太极拳的习练是有层次的，一个层次的功夫习练不出来，永远不会理解到下一个层次的功夫。就好像习练单杠的运动员，在没有学会引体向上之前，永远不要用大脑去研究单臂大回环，单臂大回环是身体本身习练出来的，不是用大脑"意识"出来的。太极功夫也一样，是身体本身——切记，是身体本身——一步一步地习练出来的，不是用大脑"意识"出来的。现在习练太极拳的最大弊病就是不知其意而不得其法，以为"松"是大脑意识里的松，以为用意不用力的"意"是大脑的意识，以为太极拳的松就是不发力，所以在大脑意识里拼命放松，在大脑意识里求"意"。这是错误的，是习练太极拳最大的障碍。

太极拳的"松"是身体本身的"松"，太极拳的"意"也是身体本身的"意"，"松"与"意"均与大脑意识无关，是身体本身习练出来的"松"和"意"，或者说太极拳习练的就是身体的"松"和"意"。太极拳的"松"和"意"是身体习练出来的在肌肉不紧张状态下的能量产生与传簇方式，而不是没有能量传簇的松懈。任何技击术的根基都是建立在强大的能量传簇之上的。大家不要把太极拳神秘化，不要以为太极拳的绝世功夫是不需要能量传簇的，相反，陈长兴、杨露禅等前辈大师的绝世功夫就是建立在比肌肉紧张更加强大的能量传簇之上的。拳，在普通人眼中就是套路动作，但是在一个武者眼中，拳是隐藏在套路动作之后的能量传簇！

大家接受了许久太极拳健身的观念，这与太极拳技击的观念很不一样。要改变一个人固有的观念很难，尤其是在按照我说的习练方法练不出功夫时，更会对我写的产生怀疑，还有一些人根本就不相信我所说的，所以一旦您遇到困难无法解决或对我说的太极拳功夫产生怀疑时，可以随时来找我学习或交流。我们习练的场地在辽宁省沈阳市万泉公园，即从解放军 463 医院对面的大门进去后顺着马路左拐前行 100 米右侧的场地，我的联系电话是 15541535900，也是微信号。广大武者可以来用各种技击术与我们切磋交流，我坚信太极拳的振兴就要建立在与世界上各种技击术相互交流的基础之上。

为了让大家都看得懂学得会，本书以太极拳发明者的论述为依据，用最通俗的语言和科学的分析讲解太极拳，将一些前辈大师们的论述中的术语用通俗语言分析。同时大家切记，前辈大师们对太极拳的论述，全部是写身体本身的，没有一个字是写大脑意识的，换句话说，习练太极拳要让身体本身去理解前辈大师们的话，而不是用大脑意识去理解前辈大师们的话。身体理解了前辈大师们的话就是功夫，大脑意识理解的就是花架子。所以，千万不要用大脑对前辈大师们的论述的理解去指导或怀疑太极拳的具体习练方法，否则您会越来越糊涂。等您看完并理解了本书的内容，您就会明白我为什么再次强调这点。比如说懂劲、四两拨千斤、引进落空、借力打力等，都是身体习练出来的实实在在的功夫，绝不是大脑意识所能够做到的。身体本身习练不出懂劲、引进落空、借力打力、四两拨千斤的功夫，任凭大脑如何努力地指挥身体，身体也发不出来这些功夫！

另外一个大家应切记的问题是，太极拳作为一种与肌肉紧张不同的发力方式，是前辈大师对人体发力探索的结晶，这种发力方式目前还没有像对肌肉紧张发力那样的科学研究及结论，所以，要想体会并练出太极功夫，只能靠刻苦的习练，而不能靠"想"或"研究"。只要您按照我写的习练，半年左右就能够习练出以心行气、以气运身。但如果您只靠想和研究而不去习练，就永远不会明白。

本书只是太极拳的入门之作，目的是为了让大家了解陈长兴、杨露禅等前辈大师的太极拳是什么样的，了解太极拳功夫的实质，以振奋广大热爱太极拳的仁人志士对太极拳的信心，以实现太极拳崛起于世界武林的目标。

正是基于振兴太极拳的目的，所以我极力避免门派偏见，不但只写太极拳的共性，也不向大家介绍我自己的门派，请大家见谅。我的师父卜金玉大师在着手编写太极拳的高级教程，希望广大太极拳爱好者在阅读本书后对太极拳有了一个基本了解的情况下再阅读我师父对太极拳的论述。

目 录

第一章　传统太极拳技击的原理 ································（ 1 ）

　　一、肌肉紧张发力方式及其弊端 ······················（ 2 ）
　　二、太极拳的发力及能量传簇方式的诞生 ···········（ 5 ）
　　三、以压缩旋转产生能量 ·····························（ 6 ）
　　四、以压缩旋转传簇能量 ·····························（ 8 ）
　　五、以心行气、以气运身与心神抽合 ··················（ 11 ）
　　六、上下贯通 ··（ 15 ）
　　七、阴阳转换与阴阳合一 ·····························（ 17 ）
　　八、松、气、意、心、神 ·····························（ 22 ）
　　小　结 ···（ 23 ）

第二章　传统太极拳技击的习练方法 ····················（ 25 ）

　　一、用重心转换生成压缩旋转 ·······················（ 26 ）
　　二、用重心转换走桩 ···································（ 31 ）
　　三、用重心转换打套路 ································（ 34 ）
　　四、用心神抽合走桩、打套路 ·······················（ 39 ）
　　五、练精化气、练气化神 ·····························（ 44 ）
　　六、凝神聚气、练神还虚 ·····························（ 49 ）
　　七、走桩、打套路的习练层次 ·······················（ 52 ）
　　八、打套路为什么要缓慢 ·····························（ 59 ）
　　九、踢腿、推手、站桩 ································（ 61 ）
　　十、太极五行 ··（ 67 ）
　　十一、习练太极拳各阶段的身体反应 ···············（ 87 ）
　　小　结 ···（ 91 ）

1

第三章　传统太极拳技击的应用 …………………………（93）
　一、太极拳的能量传簇与技击的应用 ………………………（94）
　二、太极拳的各种功夫 …………………………………………（99）
　三、八劲的具体运用 ……………………………………………（106）
　四、太极拳的养生健身功效 ……………………………………（108）
　小　结 …………………………………………………………（110）

第一章

传统太极拳技击的原理

一、肌肉紧张发力方式及其弊端

如何出拳、如何挡拳、如何拿住对手、如何摔倒对手等方法，都是技巧性的东西，这些东西均根基于如何发力和如何传导力量，发力与传导力是一切武学最根本的问题。不会发力和传导力，一切技巧性的东西都使不出来；反之，会发力与传导力，不会技巧性的东西也可以照样赢人。所以，我们以发力方式和传导力的方式为主线逐步介绍太极拳。

（一）什么是肌肉紧张发力

我们先研究人体正常的肌肉紧张发力，也就是外家拳的发力方式。

外家拳技击时靠肌肉紧张发力，但是单独的肌肉紧张不会发出很大的能量，比如说让一个人脱离地面或倒在地上而仅靠肌肉紧张是发不出多大力量的。肌肉紧张发力是要向地面施加一定的作用力以获取并利用地面的反作用力，即用肌肉紧张产生的能量作用于脚蹬地面，将地面产生的反作用力通过身体各部位的肌肉紧张传导到拳脚用于技击。人体之所以要如此才能发出最大力量是由人体本身的支撑结构所决定的，即身体各部位骨骼、肌肉的功能不同，排列方向不同，所以发力方向也不同。单独凭借肌肉紧张发力不可能在一个方向上产生巨大的力量，只有集中向地面施加力量，获得地面反作用力后再利用身体骨架的支撑及肌肉紧张将地面的反作用力集中到一个方向上传导出去，才能获得最大的力量。这是每个人都有的实践，不作过多分析。

人只要站在地上，地面就会给人体一个反作用力以支撑人体，这个力量是永存的，与人体体重相当。肌肉紧张发力时，肌肉紧张发出的部分能量通过脚施加于地面，获得地面的反作用力，再通过腿、腰腹、胸肩、胳膊的肌肉紧张将这个力量传导到拳脚发出，这时发出的力量就包括了肌肉紧张向地面施加的能量和自身体重向地面施加的能量产生的地面反作用力能量的总和。

所以外家拳发力实际上利用的是三个能量源：第一是自身重力施加于地面的反作用力；第二是肌肉紧张发出的力量向下作用于地面（就是脚的蹬地）的反作用力；第三是肌肉紧张本身发出的驱动拳脚产生速度具有的能量。由于外家拳在肌肉不紧张的状态下无法发力，也无法向地面施加作用力，所以外家拳只有在肌肉紧张的状态下才能获得地面的反作用力。

以上三点是对人体正常发力的科学分析，要发出人体最大力量只能如此，没有其他办法。除了自身重力以外，这种发力方式完全取决于肌肉紧张，由肌肉紧张变形蓄积能量的大小决定发出的力量。

我们知道，肌肉紧张发力的实质就是肌肉本身的"紧张收缩变形"以蓄积能量，然后肌肉再以恢复原状的方式释放能量。肌肉"紧张收缩变形"是肌肉整体的收缩紧张，包括肌肉在相互垂直的两个方向上的紧张收缩，使得收缩着的肌肉能向各个方向释放能量。其实这也是所有有型的物质蓄积并释放能量的方法，就是用本体的"变形"以蓄积能量，以恢复原状释放能量，弹簧、皮筋、海绵、钢丝等都是如此蓄发能量的。

综上所述，肌肉紧张发力的原理就是：以肌肉全方位的整体紧张收缩变形蓄积能量，当肌肉恢复原状时发出能量，向地面发出能量获得地面的反作用力，与肌肉紧张本身发出的能量共同传导到拳脚打击对手。

再说一下肌肉紧张发力的传导。肌肉紧张除了可以发力，还是传导能量的方式。比如说，弓步冲拳，腿脚的肌肉紧张发力产生脚蹬地的能量，脚蹬地获得的地面反作用力的能量被腿、胯、腰、胸、肩、胳膊等部位的肌肉紧张传导到拳头发出。

所以，肌肉紧张这个发力方式中，肌肉紧张不仅是发力方式，也是传导力量的方式。

（二）肌肉紧张发力的弊端

中华武术始于外家拳，外家拳以肌肉紧张发力为主，前辈大师们从实战技击的实践中逐渐发现了肌肉紧张发力的不足。

一是双方只能是力对力硬碰硬地硬顶硬挡。这种力量的硬顶使得受伤不可避免，无法保证自己不受伤；同时又大量消耗体力，用自身能量与对手劲力硬顶，其技击的本质就是拼体力，有功夫的不一定打得过天生身大力大的。

二是无法发出人体所能发出的极致力量。肌肉紧张发力使得浑身每块肌肉均紧张，但是身体各部分的肌肉的功能和排列方向显然是不一致的，这就会导致各部分肌肉的紧张不能在同一时间、同一方向上发出最大力量，相反，各部分的肌肉同时紧张，还会产生相互影响牵制，妨碍最大力量的发出。肌肉紧张发力时，胳膊、腿的肌肉也是紧张的，胳膊、腿的肌肉紧张会牵制拳脚达到最大速度，从而不能打出最大速度，速度慢则释放的能量就小。

三是发出的力量是不连续的。每次肌肉紧张发力以后还要再次使肌肉紧张才能发力，力量的不连续则导致进攻与防守的时间间隔长，得用速度、反应、技巧等去弥补。同时，肌肉紧张发力需要空间距离，没有一定的空间使肌肉完成紧张再释放的状态就不能发出最大力量，所以在贴身实战中双方发出的力量很难达到最大。

四是肌肉紧张只能传导自身能量，无法传导对手打来的能量，即肌肉紧张只能单向传导能量，只能发出自身能量打击对手，却无法将对手打来的能量传导到自身体内。肌肉紧张的这种单向传导使得身体形成一个僵硬的杠杆，不能传导对手的力量，只能硬接对手的力量，并且身体任何部位遭到打击都有可能使得整个身体丧失战斗力。

五是只有腰胯以下部位的肌肉紧张能够产生脚蹬地的能量，腰胯以上的上半身不能产生脚蹬地的能量，所以上半身的能量几乎被浪费，身体无法获得最大的地面反作用力，并且上半身用肌肉紧张传导能量时还会损耗一定能量。

基于以上肌肉紧张发力的这些弊端，武术前辈大师们经过不断的探索和实践，毅然放弃了肌肉紧张的发力方式，代之以周身整体压缩旋转上下贯通的方式发力，克服了肌肉紧张发力的弊端，并且改变了技击方式，将二人之间力量的硬顶转变为传导对手能量的技击方式。这种发力方式造就了太极拳的诞生。

二、太极拳的发力及能量传簇方式的诞生

上一部分我们论述了肌肉紧张发力的诸多弊端，所以，怎么样才能够在肌肉不紧张的状态下让人体能够产生比肌肉紧张更加强大的能量并传簇，就是太极拳要达到的目标！那么太极拳是如何解决这个问题的呢？

前辈大师们经过艰难的探索，摸索出了一种新奇的方法并用实践获得了验证——我一直惊异于前辈大师们是怎么想到这些的——把整个身体视为"一块大肌肉"，以整个身体的"变形"达到蓄积和释放能量的效果，以替代每块肌肉的"紧张收缩变形"，在发力时身体的肌肉是松弛的，并且整个身体能够双向传簇能量，就可以不与对手打来的劲力硬顶，而是将对手打来的劲力通过自己的身体传簇到脚下，将对手劲力化解。这样就能消除身体每块肌肉都紧张发力并只能单向传簇能量而导致的弊端了！

倘若能在肌肉不紧张的状态下使我们的整个身体能"变形"以蓄积能量，让这个能量向下作用于地面，那么地面就能反作用于身体很大的能量，就会产生与肌肉紧张发力脚蹬地同样的效果。我们将地面的反作用力连同身体变形蓄积的能量一起传簇贯通到拳脚，那么就能达到与肌肉紧张发力一样的发力目标，并且周身整体的变形发出的脚蹬地的能量比腿脚肌肉紧张发出的脚蹬地的能量更加强大，所以地面给予身体的反作用力就要比肌肉紧张发力更加强大。这个地面给予身体的反作用力，就是上下贯通之力，太极拳要把这个上下贯通之力贯通到周身各个部位，形成太极拳的技击能量。

就是这么一个奇异而伟大的想法，导致了内家拳这个神奇而伟大的技击术的诞生！

那么如何能够在肌肉不紧张的状态下让身体"变形"以蓄积和释放能量呢？最简单的办法就是松！浑身肌肉不紧张，利用人体的重力在一条腿上自然下沉压缩，再在自然下沉的方向上自然旋转，将人体在重力的作用

下拧成一个麻花，身体就像拧螺丝一样拧入地下，就能蓄积能量了，当人体恢复正常状态时，就能释放出能量！这就是以身体的压缩旋转产生的"变形"蓄发能量，即用整个身体的压缩旋转的变形取代每块肌肉紧张的变形蓄发能量，这是太极拳独特的发力方式。

而整个身体压缩旋转的变形是由身体的各个部位的压缩旋转组成的，包括脚、腿、腰胯、脊柱、颈头、腰腹、心胸、肩肘、胳膊，都要学会压缩旋转，这些部位共同的压缩旋转组成了整个身体的压缩旋转。身体各部位的压缩旋转能使下行作用于地面的能量通过，也能使地面上行的反作用力通过，就实现了能量在体内的双向传簇。

这是一个理想模式，理论上说，在人体重力这个能量的作用下产生的各种"变形"都源于重力，不会增加地面的反作用力，这是由能量守恒定律决定。就是说仅仅利用重力的作用根本就不能产生获得技击所需的地面反作用力。

下面我们逐步介绍怎么样将这个理想模式的压缩旋转变为能发出巨大力量的太极拳。

三、以压缩旋转产生能量

肌肉通过本身的紧张收缩变形蓄积能量，太极拳要求肌肉在不紧张的状态下使整个身体收缩旋转变形以达到替代肌肉紧张的目的，而整个身体的收缩变形是通过身体的压缩旋转来实现的。压缩旋转蕴含两个层次的意思：

初级层次的压缩旋转是指身体外形做出的表象的压缩旋转动作。压缩即身体向下产生的松沉堆积，旋转即在身体竖向压缩的同时产生的横向旋转。这时的压缩旋转是能看到的身体表象的收缩变形。身体压缩旋转的变形会像肌肉紧张变形一样产生能量。弹簧、皮筋、肌肉等以本体收缩变形蓄发能量的物质是死的，不会感觉并控制蓄积的能量，但人体是活的，当身体产生压缩旋转的变形而蓄积起能量时，人体本身是能感觉并控制这个能量的，人体可以控制压缩旋转蓄积起来的能量在周身游走运行并集存于某一部位，从而在人体内形成能量流的运行。能量流运行的通道就是骨骼与被前辈大师用经络穴位表示的奇经八脉。这个能量流在太极拳中被称为"精气神"。

由于前辈大师们的时代还没有"能量"的概念，所以前辈大师们用"精气神"或"气"来代替能量的概念。精气神和气其实指的都是能量，但是，现在的人们却真的将"精气神""气"理解并当作气或气感或大脑意识来习练。所以我们一定要清楚，太极拳的精气神和气是指身体里运行的实实在在的能量，这能量从体内发出就是力量，绝不是气或气感或大脑意识！

当身体学会了控制压缩旋转产生的能量流时，压缩旋转就有了高层次的意义，即能量在体内的运行，压缩产生竖向的大小周天的能量运行，旋转产生横向的带脉、肩井、劳宫能量运行。竖向和横向的能量运行使身体形成了一个球形的能量体。

人体站立或运动时地面给人体的反作用力是作用到脚的，脚以上的部分需要骨骼的支撑才能不倒。当肌肉紧张发力时，脚蹬地获取的地面反作用力通过腿、腰胯、胸腹、胳膊的一系列肌肉紧张将地面的反作用力传簇到拳脚发出，这就是肌肉紧张能产生能量，也能传簇能量。只有把地面的反作用力从脚传簇到身体的各个部位才能技击。

太极拳的压缩旋转发力也是一样，压缩旋转能产生下行能量作用于地面，但地面的反作用力只能作用到脚，这时地面的反作用力是不能用于技击的，还需要用压缩旋转把这个能量向上传簇到身体各部位。压缩旋转与肌肉紧张一样，既能产生能量，也能传簇能量。当身体压缩旋转产生下行能量作用于地面时，地面同时给身体一个反作用力，身体哪个部位压缩旋转产生下行能量，地面反作用力的上行能量就会传簇到哪个部位，即无论下行或上行能量都是在一个介质通道内运行的，身体内能量运行的介质通道就是身体压缩旋转的部位。

所以从这个方面来说，太极拳习练的就是身体各部位的压缩旋转，身体的哪个部位学会压缩旋转了，能量就能传簇到哪个部位，这就是太极拳的"通"，"通"的实质就是身体能够用周身整体的压缩旋转双向传簇能量。

习练太极拳时身体内有两个能量：一个是压缩旋转产生的作用到地面的下行能量；另一个是地面给予身体的反作用力的上行能量。下行能量只要产生，上行能量也随之产生，这在太极拳中叫上下相随。为什么上下相随的上在前而下在后呢？因为压缩旋转的下行能量是从头顶的百会、玉枕开始压缩旋转的，百会、玉枕的压缩旋转催脊柱三关压缩旋转，催腰胯腿脚压缩旋转，所以下行能量是由上开始的。而地面的反作用力则是由脚的压缩旋转开始向上以压缩旋转一直催到百会的。所以，上下相随指的是能量运行方向，即从上开始压缩旋转，从下开始上下贯通。压缩旋转总是在身体支撑腿一侧上产生的，当太极拳运动时，就要把压缩旋转向另一条腿上转换，压缩旋转在两条腿之间循环往复的转换使得身体时刻处于压缩旋转的能量状态中，所以太极拳才能产生并发出连绵不断的力量。太极拳的"四两拨千斤、引进落空、借力打力、掤捋挤按采挒肘靠等功夫均靠的是这种连绵不断的劲力，其实质就是体内的压缩旋转能量流。而压缩旋转在两腿之间的循环转换，就是太极拳的第一个阴阳转换。

压缩旋转就是前辈大师们所说的虚实中的实，压缩旋转在两腿之间的转换就是单重。单重转换虚实，这就是前辈大师隐晦的太极拳的能量传簇方式，再加上以后介绍的以心行气、心神抽合，就是太极拳的精髓。

四、以压缩旋转传簇能量

太极拳的本质就是一种发力方式，一种以整个身体压缩旋转产生并传簇能量的发力方式。太极拳习练的目的就是让身体各部位都会压缩旋转，以产生并传簇能量在周身运行。

太极拳以周身各部位压缩旋转的方式逐节催促能量在体内贯通的能量传导方式，就叫能量传簇。周身整体的压缩旋转能够将身体习练成一张弓、一条鞭子、一个弹簧，能够将上下贯通之力射、甩、弹出去，所以能量的传簇与传导不同。能量传导是被动的简单的以肌肉紧张传导，而能量传簇是主动地将上下贯通之力的能量以加大、加速的方式传递，因为周身整体压缩旋转传簇能量的同时，压缩旋转本身就对其所传簇的能量具有加强、加速的作用。

习练太极拳主要有两种方式：走桩和打套路。走桩和打套路可以习练出太极拳的各种功夫，但是每个阶段的走桩、打套路的要求是不一样的。

初级习练太极拳首先要以走桩、打套路的方式习练腰胯腿脚的压缩旋转，即无论是在走桩或打套路时，身体一定要在支撑腿上做出压缩旋转，当转换支撑腿时，压缩旋转也随之转换到新的支撑腿上。此时，只有腰胯腿脚在习练压缩旋转，身体其他部位不要主动动作，只需跟随腰胯腿脚的压缩旋转自然动作就行。

腰胯腿脚的压缩旋转不断产生下行能量作用于地面，地面不断给予身体向上的反作用力，当腰胯腿脚完全学会了压缩旋转时，地面的反作用力会自然上升并集存于尾闾命门（因为腰胯腿脚的压缩旋转最高只能到达这个部位了），这就叫上下贯通。这时的上下贯通是初级的贯通，将来要将地面的反作用力一直传簧贯通到头顶百会，才是真正的上下贯通。

要想把集存于命门的上下贯通之力继续向上传簧，就需要让脊柱学会压缩旋转，让命门的能量传簧到夹脊，能量贯通到夹脊，才能前透心胸，形成心胸开合，再上透到玉枕、百会，形成虚灵顶劲。这个过程叫领起三关或打通三关。

玉枕、百会出现虚灵顶劲，身体就会被压缩旋转产生的下行能量与上下贯通的上行能量两夺对拉，形成头顶悬足入地的两夺对拉之势，即对拉拔长。身体的对拉拔长是上下贯通的能量在骨骼中的传簧贯通，是太极拳中轴的发力，给人的感觉似乎是骨头里发出的力量，异常巨大，远远大于肌肉紧张发力，太极拳称之为骨涨劲。成就太极功夫的人与别人推手时，对方会感觉到像在推一座大山，根本无法撼动，这就是对拉拔长发出的骨涨劲。

三关领起并出现虚灵顶劲后，能量完成了在骨骼中的传簧贯通，下一步，就要让能量向五脏六腑、肌肉等其他组织器官传簧贯通。腰胯的压缩旋转形成腰腹折叠，由夹脊前透的能量到心胸形成心胸开合，腰腹折叠、心胸开合就意味着能量在身体里的归聚，这个归聚起来的能量使身体学会内动，内动驱动四肢百骸发力引进落空、借力打力，形成太极功夫。这个过程叫凝神聚气。

总结起来，太极拳要习练的就是能量在体内的传簇贯通，以如下顺序进行：腰胯腿脚压缩旋转——上下贯通——脊柱压缩旋转——三关领起——形成虚灵顶劲，身体中轴对拉拔长发力——腰腹心胸压缩旋转——腰腹折叠、心胸开合——凝神聚气，精气神集存于心神部位——肩肘胳膊压缩旋转——身体两仪（相对于脊柱中轴的身体两侧及四肢）发力。

从以上过程可以看出，太极拳先习练能量在骨骼中的传簇，然后将骨骼传簇的能量向腰腹心胸归聚，驱动两仪四肢发力。当然，实际上在习练太极拳走桩或打套路时，中轴与两仪是同时习练的，但是能量必须要先在骨骼中实现传簇才能向腰腹心胸归聚，进而向两仪传簇贯通，太极拳才能具有巨大的威力。

骨涨劲的原理就是弓。弓对箭产生的能量就是对拉拔长发出的，即弓身本身的弹性势能的能量与人拉弦的能量之间的两夺对拉，就是对拉拔长。所以前辈大师所说的对拉拔长指的是能量运行而不是外形动作，即能量产生对拉拔长发力。没有能量的对拉拔长，无论外形怎么样弯曲成弓的形状，也只能是一个罗锅而不能产生丝毫的能量。

太极拳要求身备五弓，就是要让能量在体内各部位、各大小三节之间形成对拉拔长而生成能量传簇，而对拉拔长的能量则产生于周身整体的压缩旋转。

现在我们总结一下压缩旋转：太极拳以身体各部位的压缩旋转取代各部位的肌肉紧张发力而实现能量的蓄发，压缩旋转是太极拳能量产生与传簇的方式，压缩旋转在两腿之间循环往复的转换使得身体保持连绵不断的能量运行，产生太极拳连绵不断的劲力。所以习练太极拳其实就是在习练身体各部位的压缩旋转及压缩旋转在两腿之间的循环转换，身体各部位都习练会压缩旋转了，能量即在周身传簇贯通。能量在体内运行时为能量流（精气神），从体内发出就是力量。

而压缩旋转在两腿之间的循环转换，就是初级习练太极拳的第一个阴阳转换（而不是完整太极拳的第一个阴阳转换，太极拳的第一个阴阳转换是心神抽合先天一气将无形能量阴阳转换为有形能量）。

那么，如何将人体吃饭、喝水获得的能量，也就是肌肉紧张使用的能量，全部转换为压缩旋转的下行能量以获得极致的上下贯通之力呢？这就需要前辈大师说的以心行气了!

下面介绍如何用以心行气控制周身整体的压缩旋转。

五、以心行气、以气运身与心神抽合

前面介绍了太极拳压缩旋转的发力方式。从这个发力方式可以看出,身体压缩旋转的程度决定了获取上下贯通之力的大小,那么,如何才能让身体产生剧烈的压缩旋转,以获取巨大的上下贯通之力呢?

人体在大脑控制之下的发力方式就是肌肉紧张,而肌肉紧张是与太极拳周身整体压缩旋转相悖的,所以周身整体压缩旋转是不能够用大脑控制的,为此太极拳要求习练出身体自己的能量控制机关,即心神,心神以抽合的方式控制周身整体压缩旋转的能量传簇——这就是前辈大师说的以心行气、以气运身。气就是能量,以心行气、以气运身这句话的意思就是用心控制能量的生成,用能量以力催三节的方式驱动身体动作。

以心行气是太极拳的能量传簇控制方式,是内家拳与外家拳的根本区别所在,以心行气的心是实实在在的心脏习练出来的一种功夫,而不是"心想",不是大脑的意识。以心行气的具体方式就是心神抽合。

没有以心行气、心神抽合,就不是太极拳。没有以心行气的太极拳本质上还是使用肌肉紧张发力,只不过是在偷偷摸摸地使用肌肉紧张发力。

前辈大师们对太极拳"拳由心发""以心行气,以气运身""心力""心法"等论述,说的就是心神抽合!明白了心神抽合,就会明白太极拳的能量确实是由心发出的,太极拳的精气神在浑身的运行确实是由心控制的!

先天一气和心神抽合可以从胎儿的运动中看出来,刚出生的胎儿的大脑还不会思维与控制身体,肌肉还不会紧张发力,但是其四肢均不停地动作,并且四肢动作时肌肉是不紧张的,胎儿利用的就是心神抽合、先天一气发力的。胎儿要等到大脑和肌肉都成熟到一定程度才能学会用大脑控制肌肉紧张发力，学会肌肉紧张发力后，就抛弃了心神抽合、先天一气发力。太极拳习练的就是要回归本源，把被抛弃的心神抽合、先天一气再习练回来，即抛开大脑控制而让身体自己控制发力。

先说先天一气。

我们每天靠吃饭、喝水、呼吸、日照获得能量，形成人体一切活动的能量，我们的身体就是由这个能量源在维持运转，大脑的思维、五脏六腑的功能运转、肌肉紧张收缩等生命活动均产生于这个能量。前辈大师们将这个无形的能量称之为先天一气，或胎气，意指人体先天本存的能量，以区别于压缩旋转发出的有形能量。

我们不必纠结于先天一气的"先天"二字是否恰当，人不吃饭几十天就死，不喝水几天就死，不呼吸几分钟就死，所以根本就没有什么先天的东西在支持人体。也许是前辈大师们的时代对人体能量还没有一个明确的概念，所以使用先天一气这个词语，其实先天一气就是人体吃饭、喝水、呼吸获得的能量，是身体一切生命活动的本源。使肌肉产生紧张的能量就是先天一气。

胎儿可以用先天一气不通过肌肉紧张而直接驱动人体运动，但是当人长大后学会了肌肉紧张发力，就只会将先天一气运用到肌肉紧张发力上了。幸运的是，先天一气被前辈大师们发现并运用，由此才产生了太极拳。太极拳是将先天一气的能量不用于肌肉紧张蓄发能量，而是用于整个身体的压缩旋转蓄发能量。用胎儿的方式发力就是太极拳说"回归自然本真"的含义。

人体在大脑控制下的发力就是将先天一气的能量用于肌肉紧张，即只要大脑控制人体发力时就必然会导致肌肉紧张；而太极拳则要求将先天一气用于整个身体的压缩旋转，绝对不能肌肉紧张，所以，太极拳在发力方面是绝对不允许大脑参与控制身体的。在发力方面一旦大脑控制了身体，肌肉就会紧张，就会破坏周身整体压缩旋转的整劲。

所以，习练太极拳一定要抛弃大脑意识和大脑对身体的控制。这个观点与现在流行的太极拳的要求正好相反，现在流行的太极拳似乎就是在习练大脑的意识，原因就是将前辈大师们所说的心、意都理解为大脑的意识了。

那么，太极拳要用什么来替代大脑对身体的控制，让什么来控制先天一气使身体产生压缩旋转以蓄发能量呢？

用心神！再说心神抽合。

心神的主体就是心脏，平时人体不能感觉到心神的存在，只有通过习练才能找到心神。完整的心神抽合包括心抽合与神抽合，神位于百会，神需要在脊柱三关练会压缩旋转，将上下贯通之力传簇到百会才能够形成。习练太极拳首先要习练心抽合，但我也会用心神抽合这个词语，这是由于压缩旋转由百会、玉枕开始，上下贯通之力终结于百会、玉枕，百会是能量传簇的一个起点与终点，所以百会、玉枕的压缩旋转能量传簇被称之为神。神领力，力由神起，心领拳，拳由心发。

心神就是身体本身——不包括大脑——的控制中心，人体中只有大脑和心脏具备与身体各部位均有直接联系的功能，大脑通过神经，心脏通过血管。心脏及其周边的心神部位对人体的控制机能是很明显的，喜怒哀乐的情绪总是在心脏得到体现，饿则心慌，惊则心颤，哀则心痛，怒则心蹦，喜则心畅，我们的所思所想也总被说成（或感觉成）心想、心说等等。将以上的生理过程反过来，心神也可以控制身体。

太极拳习练的就是挖掘身体的自然本真，将心神对身体的控制功能习练出来，从而抛弃大脑对身体发力的控制。

太极拳就是用心神控制先天一气使整个身体产生压缩旋转，蓄发能量的。

太极拳用心神驱动并控制先天一气的方法就是抽合，后面将介绍心神抽合（抽合是一个很形象的动词），所以太极拳发力方式的全称应该是心神抽合压缩旋转发力。

我们可以这么理解太极拳中大脑与心神的关系：大脑是决策机构，心神是执行机构，只要大脑发出发力的指令，心神就开始抽合身体压缩旋转发力，此时大脑绝对不能干涉心神。太极拳要把这种发力方式习练成条件反射。

以上介绍了以心行气与周身整体的压缩旋转，现在回头简单完整地说明一下太极拳：

心神抽合周身整体的压缩旋转从头顶的百会、玉枕发起，百会旋转、玉枕压缩；百会、玉枕的压缩旋转催促脊柱三关产生压缩旋转，使脊柱横向旋转，竖向压缩；脊柱的压缩旋转催促尾闾压缩、会阴旋转（此压缩旋转生成太极拳的精）；尾闾会阴的压缩旋转向丹田翻转，形成腰腹折叠，即腰腹的压缩旋转；尾闾会阴的压缩旋转向下催促腿脚的压缩旋转，在脚跟产生压缩，脚踝、脚面产生旋转（此压缩旋转生成太极拳的气，是太极拳的根节能量）。以上身体各部位的压缩旋转将身体像拧螺丝一样拧入地下，身体就会获得地面给予的上下贯通之力，上下贯通之力被脚、腿、腰胯、脊柱、腰腹、头各部位的压缩旋转反向催促上行至百会，形成虚灵顶劲，身体骨骼被压缩旋转的下行能量与上下贯通的上行能量对拉拔长，生成骨涨劲，此为太极拳的巨大能量之所在。

　　由于百会是压缩旋转的起始点，是上下贯通之力的终结点，所以能量在百会的传簇就被前辈大师称之为神，神领力。

　　此时，才形成太极拳完整的精气神，即精气神是太极拳体内完整的能量传簇。从太极拳的能量传簇中我们能够看出，下行的压缩旋转产生脚蹬地的能量，而上行的上下贯通之力由压缩旋转传簇上来，即在太极拳上下相随的能量传簇中，同样的压缩旋转是产生下行能量的方式，又是传簇上行能量的方式。在"能量传簇"四个字中，前两个字指下行能量的产生，后两个字指上行能量的传簇。所以"能量传簇"四个字就是太极拳总体奥妙之所在！向下的压缩旋转产生能量，向上的压缩旋转传簇能量，能量的产生与传簇，均是由压缩旋转的正反两个方向的力催三节所致。

　　由于太极拳体内同时传簇上下行两股能量，所以太极拳能够双向传簇能量，这就是太极拳的通的功夫，即不但能够将上下贯通之力发出打击对手，还能够将对手打来的力量用自身下行压缩旋转的能量引进并传簇到脚下，这样身体获得的上下贯通之力就包括了自身与对手两个人的能量总和，这就是太极拳的引进落空借力打力。

　　我们能够从以上太极拳产生的能量传簇过程中看出，太极拳压缩旋转的能量传簇方式将肌肉紧张发力方式的弊端均改进了。太极拳周身整体的压缩旋转产生的下行脚蹬地的能量要远远大于腿脚的肌肉紧张产生的下行能量，所以太极拳获得的上下贯通之力就远远大于肌肉紧张发力，并且太极拳能够双向传簇能量，不与对手力量硬顶，而是传簇对手力量，所以就改变了技击方式，开创了引进落空借力打力这种传簇对手能量的技击方式，不但自身不易受伤，而且极大地节省了体力。将以心行气习练到一定程度，心脏的抽合与上下贯通之力阴阳转换合一，就使得心脏的抽合直接具备了能量，这就是前辈大师说的拳由心发，即心力、心领拳。

力由神起，拳由心发，这时，才形成太极拳完整的以心行气心神抽合，即心神抽合包括了心抽合与神抽合，心脏与百会是太极拳能量传簇的主宰。

六、上下贯通

人体产生压缩旋转的变形时，就会像肌肉紧张一样蓄积起了能量，这个能量向下作用于地面，就会产生"脚蹬地"的效果，地面就会给予人体反作用力，身体的压缩旋转越剧烈，产生的变形就越大，就越能从地面获得更大的反作用力，我们把这个地面作用于身体的反作用力称之为上下贯通之力。上下贯通之力就是太极拳追求的技击能量。

在刚习练太极拳时，虽然压缩旋转会产生下行能量，上下贯通的能量会上行，但是身体还感觉不到这些能量的运行。这时的上下贯通还不是完全的上下贯通，因为地面的反作用力还只能作用于脚，还不能贯通到头顶，这就需要身体用压缩旋转把上下贯通之力传簇到头顶，贯通到身体各部位，才是真正的上下贯通。

人体在自然站立下，在肌肉不紧张的状态下也能够支顶一定重物，这个支顶的力量就是上下贯通之力在体内的简单传导，上下贯通之力通过身体骨骼的传导被动地传递到头顶。显然这种能量传导是被动的、静止的，传导到头顶的力量是死的，不能被灵活运用，也不能够用于技击的。这种对能量的传导就相当于一根木头对能量的传导，即仅仅是传导而已，而不能被运用。上下贯通之力要达到能够技击的程度，就必须要用一种方法将其激活，让其能够被灵活运用。这种激活并运用上下贯通之力的方法就是周身整体的压缩旋转。

经过长时间的心神抽合压缩旋转的习练，身体不断地经受着下行上行能量的运行，身体会在某一刻一瞬间感觉到身体突然沉入地下了，能感受到地面返上来的力量了，就是上下贯通了。上下贯通无法从外形动作看出来，完全是身体对能量传簇的一种感觉，上下贯通能够使身体感觉到与肌肉紧张一样的能量，实实在在的从脚下传簇上来的巨大能量。

外家拳靠肌肉紧张一次性从地面将上下贯通之力传导到脚拳发出，就是说外家拳只有在肌肉紧张的状态下才能使用上下贯通的能量；太极拳则要求身体在肌肉不紧张的状态下，用周身整体的压缩旋转使用上下贯通的能量。

刚习练太极拳时用重心转换走桩或打套路（具体的习练方法见第二章"传统太极拳的习练方法"），这时习练的压缩旋转主要发生在腰胯腿脚，即只有腰胯腿脚在习练压缩旋转，此时压缩旋转在身体的最高位置位于尾闾命门附近，所以当腰胯腿脚学会压缩旋转后，地面的反作用力的能量会自然贯通到人体的尾闾、命门位置，这个位置前托丹田，后顶脊柱，是能量承上启下的中枢。

上下贯通之力集存在命门就不能自然地再向身体其他部位贯通了，这时，就需要心神抽合先天一气的能量与上下贯通的能量相合，由先天一气引带上下贯通的能量节节贯通到身体各个部位。首先向上驱动脊柱产生压缩旋转，脊柱的压缩旋转使上下贯通之力向夹脊传簇贯通，夹脊开合以后，上下贯通之力才能继续上行到玉枕、百会。上下贯通之力达到百会了，才是完全的上下贯通。上下贯通的实质是身体实现骨骼对能量的周身传簇。

太极拳把先天一气与上下贯通之力的结合叫阴阳合一，这个阴阳合一的产物就是太极拳里的精气神，即精气神是人体先天一气与上下贯通之力合一的能量。精气神是实实在在的能量，不是气或气感，太极拳的技击力就来源于这个精气神。

大家能够看出，周身整体的压缩旋转不但是生成下行脚蹬地能量的方式，也是传簇、激活、运用上行上下贯通之力的方式。而以心行气、心神抽合，就是在肌肉不紧张状态下控制周身整体压缩旋转的方式。所以，太极拳的发力及能量传簇方式的全称就是以心行气压缩旋转的发力方式。

太极拳体内同时存在压缩旋转的下行能量与上下贯通的上行能量，即身体能够上下双向传簇能量，这就是太极拳的"通"的功夫。周身整体压缩旋转将上下贯通之力传簇到周身各部位，使周身每个部位都能够集聚能量，这就是太极拳"满"的功夫。"通"和"满"这两个功夫，"通"是指双向传簇能量，"满"是指周身充满能量。"满"可以直接用自身能量打击对手，通则可以用双向传簇能量的方式技击，即引进落空、借力打力。

七、阴阳转换与阴阳合一

以上内容使大家明白了太极拳能量的产生与传簇，但太极拳以引进落空借力打力为技击方式，要想达到引进落空借力打力这种以传簇对手能量为技击手段的目的，就需要产生连绵不断的能量以粘连黏随的方式紧逼对手打来的劲力，将对手劲力引进到自身体内，让对手劲力与自身劲力合一成为自身的整体劲力再发出打击对手。从以上过程中可以看出太极拳需要习练出连绵不断的能量传簇，而产生连绵不断的能量传簇的方法就是不断地进行阴阳转换与阴阳合一，即自身能量通过不断地阴阳转换达到连绵不断的程度，并且不但自身能量要阴阳转换，还要让自身能量与对手能量不断阴阳转换以达到自身与对手能量阴阳合一借力打力的目的。所以，阴阳转换是太极拳重要的习练与技击方式，目的是为了习练出自身连绵不断的能量传簇和让自身能量与对手能量阴阳合一为我所用。阴阳转换是太极拳独特的一种能量传簇方式。

首先我们要明白怎么划分阴阳，怎么转换阴阳。

在太极拳中，先天一气是身体自然本存的能量，属阴。先天一气使身体压缩旋转产生下行能量到地面，提引上下贯通的能量，所以上下贯通的能量是由先天一气生成的，属阳。前辈大师有时把先天一气称为阴气或胎气，上下贯通之力称为阳气或真气。

阴生阳，先天一气生成上下贯通之力，就是先天一气的阴被阴阴转换成了上下贯通的阳，此为太极拳的阴阳转换。

上下贯通的阳也能转换成先天一气的阴，即上下贯通的能量可以补充、增加、润化先天一气的能量，使先天一气更加强大。这里面除了技击的因素以外，也是太极拳强大的健身功能的根源。

先天一气的能量与上下贯通的能量不但可以相互转换，还得阴阳（能）合一，即心神抽合先天一气提引上来上下贯通之力后，将先天一气与上下贯通合一，生成太极拳的精气神，所以太极拳的精气神包含先天一气与上下贯通两种能量。

阴阳转换在太极拳中非常重要。太极拳将一切都分阴阳，阴生阳，阳生阴，循环往复。就是说一切可以相互转换的东西都称之为阴阳。

压缩旋转在两腿之间的转换是还没有习练出以心行气的初级太极拳的第一个阴阳转换，这个阴阳转换里面其实还包含着两个阴阳转换，即压缩旋转产生下行能量与上下贯通产生上行能量的阴阳转换，和压缩旋转在两腿之间的阴阳转换。前一个阴阳转换是先天一气与上下贯通之间的阴阳转换，后一个阴阳转换是先天一气和上下贯通在两腿之间的阴阳转换；前一个阴阳转换产生能量，后一个阴阳转换使得能量连绵不断。所以阴阳转换也被前辈大师称为虚实转换，虚实转换生成太极拳连绵不断的能量传簇，发出连绵不断的力量。

精气神就是先天一气与上下贯通之力在身体不同部位的阴阳转换形成的。将来精气神在体内的运行无不是以阴阳转换的方式进行的，即太极拳体内能量的运行与体外力量的蓄发都是阴阳转换。阴阳转换是太极拳源源不断的能量源泉。压缩旋转和阴阳转换使太极拳成为时刻充满能量的球状能量体，在这个球状的能量体运行里面，每一个蓄发的能量都是球状的，就是有回路的、循环往复的。能量的蓄转换成发，发又转换成蓄，蓄发转换又相合一，无休无止以至无穷。

得阴阳转换者，才能得太极真谛！

心神抽合是阴阳转换的动力，阴阳转换是心神抽合的结果，即心神抽合以阴阳转换达到能量运行的目的。比如说重心转换，心神抽合先天一气在支撑腿产生压缩旋转的下行能量，这个能量提引上来上下贯通之力，心神抽合将先天一气与上下贯通之力在尾闾会阴翻转，驱动支撑腿的压缩旋转向另一条腿上转换，在另一条腿上形成压缩旋转，就是阴阳转换。

形意拳将心神称为心意，以心意抽合发力。心神抽合与心意抽合的区别就在于心神抽合里面有阴阳转换，所以心神抽合的能量源源不断。而形意拳的心意抽合是一蓄一发一抽合，没有阴阳转换，所以劲力是断的。

太极拳由心神抽合先天一气开始生成压缩旋转为能量传簇的起始，先天一气属阴，为一切之母，太极拳后面的一切均由先天一气所生；虚灵顶劲为阳，是先天一气经过许多阴阳转换所生。而心为阴中之纯阴，属阴之极；神为阳中之纯阳，为阳之极，心神是纯阴纯阳合一生成的。

除了心神这个纯阴纯阳以外，其他的阴阳是相对的，是相互转换的，每一个阴经过阴阳转换的习练过程，达到阴阳合一而生成阳后，又以一个新的阴的身份参与到下一个阴阳转换中，再通过阴阳合一生成更高级的阳。太极拳就是这样通过不断的阴阳转换与合一而逐渐达到最高层次，最终生成神，生成意。

阴之极为心，学会以心行气后，用心神抽合先天一气，此过程中，心神为阴，先天一气为阳，心神不断地抽合先天一气，心神与先天一气不断地阴阳转换，最终实现心神与先天一气的阴阳合一。阴阳合一就意味着原来的阴和阳并到了一起，不分阴阳，不分你我，成为一个新的东西了。心神抽合先天一气阴阳合一后，先天一气就蕴含在心神之中，换句话说，心神本身就具有了先天一气的能量，就形成了心力，心神抽合本身就具有了能量，这就是陈长兴先生说的拳由心发。

心神抽合先天一气生成压缩旋转，是太极拳的第一个阴阳转换，即将先天一气的能量阴阳转换成为压缩旋转的下行能量，这个过程将体内无形的能量转换成实实在在的下行压缩旋转的有形能量。当心神抽合强大到一定程度，就不需要外形动作的压缩旋转了，心神抽合能够在身体外形静止的状态下生成压缩旋转的下行能量，这就是阴阳合一了，即心神抽合先天一气经过阴阳转换达到阴阳合一，生成心力。

当心神抽合与先天一气合一而具有了心力后，就可以用心神抽合生成周身的压缩旋转以生成下行能量传簇。此过程中，心神抽合为阴（此时的心神抽合已经具有能量了），压缩旋转为阳，心神抽合的能量不断阴阳转换为压缩旋转的能量，经过习练到了阴阳合一后，压缩旋转被吸纳到心神抽合之中，此时心神抽合压缩旋转不需要过程了，而是心神抽合的同时压缩旋转就生成了，换句话说，心神就是以压缩旋转的方式抽合的。

心神抽合与压缩旋转合一后，心神一抽合就产生了直贯脚下的下行能量，使身体获得上下贯通的上行能量。但是，这时的上行能量要经过命门、夹脊、玉枕三关，此三关又需要河车运行拉动脊柱压缩旋转以传簇上行能量，所以心神抽合还要与尾闾会阴的能量翻转进行阴阳转换，直至阴阳合一，即再将河车运行吸纳到心神抽合当中。心神抽合具备了河车运行的能量后，就能拉动脊柱产生压缩旋转，直到打通三关，上下贯通之力贯通到百会，进而完成能量的周身骨骼传簇。

三关打通生成虚灵顶劲后，上下贯通之力从脚下传簇到百会还需要一个过程，心神抽合与上下贯通之力还需要不断地阴阳转换，这时就要把心神抽合与上下贯通之力合一，达到心神一抽合，百会即出现虚灵顶劲，身体就被对拉拔长发出巨大能量，即心神抽合与上下贯通之力阴阳合一后，心神一抽合，能量就上身，中间没有任何过程，使心神抽合形成条件反射。

但此时出现的能量，还不能生成连绵不断的能量传簇，所以下一个阴阳转换就在两腿之间展开，即心神抽合压缩旋转在两腿之间不断地阴阳转换，使上下相随的能量在周身不断地运行，才能够生成连绵不断的能量传簇。

从以上过程可以看出，阴阳转换是习练的一个过程，而阴阳合一是把两个阴阳转换的过程统一起来，形成一个过程，最终目的是要达到让心神抽合与能量传簇之间没有过程，将过程均吸纳到心神抽合之中，所以太极拳的功夫就是心神一动，周身无有不动，心神一抽合，能量就传簇，又快又狠。实际上，习练太极拳不是每一个阴阳转换分别习练，而是每个阴阳转换合一的过程都在不知不觉地穿插同时习练，功夫达到一定层次后，对自身的能量传簇产生了清楚的认识，就能够针对某个阴阳转换合一做出专门的习练。

以上介绍的心神抽合能量传簇的阴阳转换合一，是自身的能量传簇，而太极拳的实战就需要自身能量与对手能量之间的阴阳转换合一。

当周身学会压缩旋转后，太极拳的能量传簇方式就显示了质的变化，即心神抽合压缩旋转的发力方式使身体在不知不觉中学会了传簇对手打来的能量，在与对手劲力的接触点上会自动将对手劲力顺着自身的压缩旋转吞入自身，而不是与对手的能量硬顶，这就是太极拳的听劲懂劲。听劲懂劲是自身身体学会压缩旋转能量传簇后自然产生的功夫表象，听劲懂劲绝不是大脑对对手劲力的反应，而是身体本身习练出来的功夫，是压缩旋转发力方式双向传簇能量的特有功夫。

当与对手打来的劲力接触点上吞入对手的能量后，即自身压缩旋转的能量在与对手的能量阴阳转换后，自身的压缩旋转引带着对手能量下行到脚下，此时下行能量包括了自身压缩旋转的能量与对手的能量，身体获得的上下贯通之力就包含了自身与对手的能量，这就达到了自身与对手能量的阴阳合一。当自身压缩旋转引带对手能量下行时，表象就是引进，对手能量被吞入，就是落空，引进落空就是如此。

自身与对手能量合一后，获得的上下贯通之力就相当于两个人的能量，此时如果让自身能量继续周身传簇，只将对手能量发出打击对手，则为太极拳文雅的借力打力；如果将自身与对手能量一并打出，则为太极拳的刚猛打击。

如果吞入对手劲力后不发出，对手劲力落空，对你的感觉就像是在推一座山、一堵墙；如果发出上下贯通之力，那么对手的感觉就是根本不知道发生了什么事情就莫明其妙天晕地转地摔倒了，我们经常被师父这样摔。

以上是太极拳中几个大的阴阳转换与阴阳合一，事实上在能量周身传簇的过程中，周身每个部位都在不断地进行着压缩旋转的阴阳转换与阴阳合一，即力催三节的过程其实就是压缩与旋转之间的阴阳转换和阴阳合一。压缩旋转由身体的自然松沉压缩开始，压缩被阴阳转换为旋转，旋转再被转换成下一节的压缩，如此反复就是压缩旋转的力催三节的能量产生与传簇过程。

八、松、气、意、心、神

这五个字是很容易把人弄糊涂的，让人不能够了解太极拳的真谛。一般人将松理解为没有能量传簇的松懈，将气理解为一种神秘的感觉，将意、心、神理解为大脑意识。

太极拳心神抽合压缩旋转这个发力方式就是前辈大师们所称的"松"。由于太极拳不用肌肉紧张发力，所以表象是松柔的，但是内里却蕴含着比肌肉紧张发力更刚猛的能量与力量！

松不是不发力，身体不发力，就不可能技击，四两拨千斤是用精气神的运行完成的，不是指仅仅使四两劲就能拨人打人。

松的实质就是在肌肉不紧张状态下的心神抽合压缩旋转蓄发能量，即在肌肉不紧张的表象的松柔之下生成并蕴含着巨大的能量传簇。

松不但是指外形的松，而且也是指压缩旋转的松。压缩旋转由外形动作转化为能量运行后，会经历练精化气、练气化神、练神还虚、练虚合道四个阶段。前两个阶段，心神抽合先天一气在内里的感觉是紧的，甚至将身体抽合成腰腹折叠心胸开合的巨大压缩旋转变形，当这个巨大的压缩旋转变形生成的能量经过凝神聚气归聚到心神后，就是练神还虚了，身体仿佛被抽空了，仿佛不着丝毫的劲力，松到彻底，心神微动就能蓄发巨大能量，这就是前辈大师说的太极拳身体是空的，空灵圆活的。

气，力也！此为形意拳的一个前辈薛颠所说，很明确地说出了气的本质。能量在体内的传簇确实有气的游走的感觉，这个部位就会产生充气一般的鼓胀感觉，所以在没有能量概念的年代，前辈大师就将体内的能量称之为气。精气神中的气为脚的压缩旋转产生的一种踩在气垫子上的感觉，由此前辈大师将此部分能量也称之为气。但气绝不是一种气的感觉，而是实实在在的能量。习练太极拳要把体内气的感觉（气感）进一步习练成为实实在在的能量。

能量的压缩作用于身体各组织器官会被人体感觉到发涨，即为鼓；旋转则会被感觉为相互激发，为荡。"真气鼓荡"是太极拳"满"的功夫成就后的反应，即能量充满周身，是太极拳习练到高层次时对于能量产生的反应，由这个反应才能够练出空灵圆活的程度。周身充满能量，各部位均能够以拳意支配能量驱动身体动作，毫无阻碍羁绊，似乎身体都没有了，只剩下"气"了。

而心、意、神，在前面讲了，都是实实在在的能量。心为以心行气的心力，神为百会对上下行能量的引领，意为身体将以心行气压缩旋转的发力方式习练成条件反射后出现的一种反应，即身体能够自动理解、传簧、处理自身与对手能量的一种能力。身体出现拳意后，就像一架自动运行的技击机器，有时自己都不知道怎么回事，对手就倒了，即用意不用力的意为用身体本能、本真的能力，亦即以心行气，而不用肌肉紧张之力。

一定要让身体本身而不是大脑习练出松、气、心、意、神。太极拳的功夫与大脑不但没有一点关系，反而要极力抛弃大脑对发力的参与，习练出以心行气，以心神替代大脑控制身体发力。所以习练太极拳首先要换劲换力，即将大脑控制的肌肉紧张之力换为以心行气控制的压缩旋转之力。

小　结

太极拳用以心行气、心神抽合控制先天一气的能量生成周身整体的压缩旋转的下行能量，使身体获得地面给予的上行上下贯通之力，上下贯通之力同样被周身整体的压缩旋转反向传簧上行到百会，完成上下贯通之力在骨骼中的传簧，将身体骨骼对拉拔长产生巨大的能量，再将中轴能量通过凝神聚气向心神归聚，从心神向周身传簧，以气运身。

从先天一气的无形能量到生成上下贯通之力的连绵不断的有形能量，太极拳是通过不断的阴阳转换与阴阳合一做到的。

以心行气与阴阳转换的过程如下：

心神抽合先天一气的无形能量被阴阳转换为压缩旋转的下行有形能量

（第一个重要的阴阳转换）→形成心力，但此心力只能产生下行能量（心神抽合与先天一气阴阳合一，第一个阴阳合一）→压缩旋转的下行能量获得地面给予的上下贯通之力的上行能量，下行能量被阴阳转换为上行能量（此为第二个重要的阴阳转换）→形成完整心力，具备了上下贯通之力的心力（心神抽合与上下贯通之力阴阳合一，第二个重要的阴阳合一）→心神抽合压缩旋转在两腿之间不断阴阳转换（第三个重要的阴阳转换）→生成连绵不断的能量传簇（心神抽合与两腿之间的上下贯通之力阴阳合一，第三个重要的阴阳合一）→以自身压缩旋转的下行能量引进对手打来的能量，引进落空（自身能量与对手能量之间的阴阳转换，第四个重要的阴阳转换）→身体获得自身能量与对手能量总和的上下贯通之力，将对手之力为我所用，借力打力（自身能量与对手能量的阴阳合一，第四个重要的阴阳合一）

以上完整的过程就是太极拳和太极拳的功夫。

第二章

传统太极拳技击的习练方法

一、用重心转换生成压缩旋转

习练太极拳要以能量传簇为中心，不要关注外形动作，太极拳的外形动作不比任何其他技击术的动作高明，太极拳的绝世功夫存在于体内巨大的能量传簇，所以太极拳被称之为内家拳，即太极拳的一切均在体内生成。

太极拳的能量蓄发是依靠压缩旋转、先天一气、心神抽合、上下贯通的概念，将以上概念贯穿到一起以形成太极拳真正的能量蓄发的那根链条，就是心神抽合，即以心行气。用心神抽合将以上概念连接起来，就是太极拳完整的功夫。

用心神抽合先天一气的能量使身体产生压缩旋转的变形以蓄积能量，向地面施加作用力，获得地面上下贯通之能量，先天一气与上下贯通的能量阴阳转换合一形成精气神，由心神直接抽合精气神在周身经脉运行，用以承接、引带对手劲力，打击对手（精气神是身体不同部位产生的能量传簇，具有不同作用，将在以后介绍，现在只需将精气神理解为压缩旋转与上下贯通的上下行能量流）。

从以上我说的太极拳的发力方式大约可以猜想出来"抽合"这个词的意思了，抽合就是驱动的意思，心神抽合就是用心神驱动先天一气和精气神。于是就出现了几个问题：如何找到心神和先天一气？心神如何抽合先天一气使身体压缩旋转？先天一气如何转换为能技击的精气神？心神又是如何抽合精气神在周身传簇的？

要搞明白这些个问题，就得从太极拳最基本的习练方法——重心转换说起。

刚开始习练太极拳时，要想在肌肉不紧张状态下产生能量，我们能够利用的只有自身的体重了，利用体重在身体一侧产生自然的压缩旋转，再将压缩旋转在两腿之间循环转换，就叫重心转换。在前辈大师对太极拳的论述中，阴阳转换是一个重要概念，而重心转换就是太极拳中的一个并且是最重要的一个阴阳转换。在重心转换中，生成压缩旋转下行能量的一侧为实，另一侧为虚。虚实互为阴阳，不断转换，生成太极拳连绵不绝的能量。

重心转换的目的是为了利用人体的自然重力使身体在肌肉不紧张的状态下产生压缩旋转的变形以向地面施加下行作用力（产生脚蹬地的效果），让身体感受地面作用于身体的反作用力（上下贯通之力），同时在上下贯通之力的自然上顶归聚和压缩旋转自然向中轴归聚的作用下找到心神，学会心神抽合，就是身体在抛开大脑的控制下自己去感受能量的产生和传簇，当身体自己感受到了在肌肉不紧张状态下的能量传簇，就能够反过来控制它了。

这种身体利用重力产生的压缩旋转变形不会产生新的能量，其目的是：将静止的重力转换成压缩旋转的下行能量以感受地面的反作用力。这时地面反作用力的大小还是与我们的体重相当的，但是在我们自然站立时无法感觉并利用地面的反作用力，因为地面的反作用力只能作用到脚，脚以上部位都是由骨骼自然支撑起来的，所以要通过将重力转换成身体的压缩旋转向地面施压，即将静止的重力转换成不断向地面施压的能量流，让人体通过这种不断的向地面的施压而更好更快地感受到地面的反作用力，即上下贯通之力。

初级的重心转换是站立式转换。双脚微张站立，重心平均分配于两腿。开始转换时，一侧腿如大厦将倾般缓慢卸去对身体的支撑力，这时身体重心自然向另一条腿上堆积并导致身体自然压缩下沉，身体像被打碎的花瓶一样向下堆积。（图1~图3）

图1

图2　　　　　　　　　　图3

切记，是身体骨骼、肌肉、各组织器官自然的松沉堆积，不是剧烈弯曲膝盖，膝盖弯曲过大会对膝盖造成损伤，膝盖稍微弯曲即可。压缩要受到骨骼的支撑，即在保持骨骼支撑之下的肌肉及身体各组织器官的松沉以及骨骼本身的缝隙的压缩。在身体自然压缩的同时，还会自然产生向压缩腿外侧的自然旋转。切记，这种压缩旋转是在重力作用下自然产生的，不要刻意地做出压缩旋转的动作，不要用肌肉紧张加强压缩旋转，因为重心转换的目的不是为了产生巨大的能量，而是为了习练出以心行气，只有习练出以心行气才能够产生极大能量。让身体自己去感知这种压缩和旋转，这种感知就是最基本的肌肉不紧张状态下的能量的产生和运行。当重心完全转换到一条腿上后，身体的压缩旋转也达到了极致，即最大限度地压缩和最大限度地旋转，然后再把重心向另一条腿转换，循环往复。这就是我们身体自己感知到的第一个在肌肉不紧张状态下的能量的产生和运行：向下的压缩和横向的旋转。这个压缩旋转就能够将身体像拧螺丝一样拧入地下。

这种简单的重心转换会产生两种效果。其一是身体在肌肉不紧张状态下向脚下的松沉堆积和自然旋转，主要是由腰胯腿脚完成的，不断地压缩旋转使得身体找到并形成中轴，即竖向压缩的中轴和横向旋转的中轴，这两个中轴的交叉点就在膻中穴（两乳头中央）的心神部位。其二是上下贯通之力在压缩旋转腿一侧顺着身体自然上升，两腿的上下贯通之力交叉于心神部位。

这样，身体压缩旋转的中轴和上下贯通之力的交叉点均指向了心神，慢慢的身体就会感觉到心神这个部位与身体压缩旋转和上下贯通之力的联系，继续习练重心转换，加强这种联系的感觉，就会逐渐感觉到心神好像呼吸那样逐渐与压缩旋转合拍。继续习练下去，直到感觉到心神与身体各部位的活动均产生了直接的感应。当身体重心转换向下压缩旋转时，心神会伸出"触角"随着身体的压缩旋转产生向下的运行，一直到脚底，并随着上下贯通之力从脚底上返回来，循环往复，这就说明心神在逐渐寻找先天一气，心神的那个"触角"其实就是先天一气的雏形，心神随着压缩旋转的上下运行其实就是在驱动先天一气随着身体的压缩旋转运行。

再继续习练下去，当心神的"触角"，即先天一气强大到了一定程度，这时就能反过来去用心神和先天一气作用于身体的压缩旋转了，即我们完全放弃了利用重力自然产生身体的压缩旋转，而是直接用心神抽合先天一气使身体形成压缩旋转，这就是学会心神抽合了。

学会了心神抽合，就意味着我们能使用先天一气的能量驱动身体产生压缩旋转的变形蓄发能量了。这时，身体的压缩旋转向地面施加的作用力就不仅仅是重力了，而是身体本身的全部能量，这个能量能强大到大于肌肉紧张发力的能量，因为肌肉紧张的能量会因肌肉排列方向的不同和僵硬而相互抵消，而整个身体的压缩旋转变形则不会有任何阻碍或抵消，所以能蓄发人体的极致能量！

当心神驱动先天一气向下运行时身体会产生压缩旋转向地面施压，仿佛是在脚下"抽水"，这就是心神的抽；当地面的反作用力贯通上来时，身体形成先天一气与上下贯通之力合一，这就是心神的合。所以心神抽合就是不断地将先天一气的能量向下抽取上下贯通之力的能量，再把上下贯通的能量与先天一气合一，继续向周身驱动，节节贯通，使周身充满能量。

　　心神抽合的能量能有多大呢？用一句直白的话说，你在肌肉紧张发力时能感觉到肌肉有多紧张，心神抽合也会使你产生同样的感觉。心神抽合强大到一定程度，即生成腰腹折叠心胸开合这两个人体所能产生的最大程度的压缩旋转时，心神抽合仿佛把腰胯、肚子、胸肩、后背都抽得向心神坍塌了，将这些部位抽向心神，向心神归聚，这样才能产生巨大的太极功夫。

　　关于能量在体内的运行，一般人也不理解，总觉得不可思议。其实这是非常简单的感觉。当肌肉紧张发力时，比如说弓步冲拳，肌肉紧张脚蹬地产生的能量顺着腿、腰胯、胸腹、肩肘、胳膊的肌肉紧张传导到拳头打出去，就是能量运行，就是这种感觉。太极拳由于着重习练的就是能量运行，所以对能量运行的感觉和控制更为强烈。

　　心神抽合在不同层次有不同的意义。刚开始习练太极拳时，心神抽合就是用先天一气抽合身体压缩旋转变形以提引脚下之力，此时压缩旋转为抽，能量到脚下后上返到命门为合，这时的心神抽合的目的是为了实现上下贯通；上下贯通后，心神驱动先天一气与上下贯通之力阴阳合一为抽，将阴阳合一的能量向周身驱动为合；待习练到上下贯通的能量归聚到心神后，心神就可以直接抽合上下贯通的能量集存运行于周身，此时压缩旋转为抽，归聚上下贯通的能量到心神为合，即让先天一气提引上下贯通的能量归聚到心神；技击时，身体任何一点触到对手劲力开始用压缩旋转引带对手劲力与自身能量到脚下或两仪进行阴阳转换合一为抽，发出上下贯通之力打击对手为合。

　　身体各部位学会了压缩旋转，表象就叫开合，所以心神抽合的表象就是身体各部位的开合。开合用于技击就是心神抽时外形为开，身体开始接纳外部能量，即吞入对手打来的劲力，引进落空对手劲力；心神合时，外形也合，这时心神抽合将对手能量与自身能量合一，向对手吐出，实现借力打力。身体各部位出现开合时，好像处处会呼吸，一开一合，犹如丹田，这就是太极拳习练到了周身处处是丹田的程度。

为了内容的连贯性，本章中除了介绍重心转换生成压缩旋转，还一直介绍到了心神抽合。但是单纯的站立式重心转换是不可能习练出心神抽合的，因为站立式的重心转换只能够让身体左右生成压缩旋转，之后要用重心转换走桩，让身体学会前后的重心转换，再用重心转换打套路，让身体在四面八方都能够生成压缩旋转，并且身体能够向内外两侧均可产生旋转，只有让身体在各种情况下都能够生成压缩旋转，才能够让身体充分感受到压缩旋转的能量传簇，让身体自己理解并控制能量传簇，习练出心神抽合。

二、用重心转换走桩

走桩是太极拳的基本功，几乎包含了太极拳的一切要素。刚开始习练的走桩以重心转换为主，目的是习练出心神抽合上下贯通；找到心神抽合后，就以心神抽合压缩旋转为主，以获得最大程度的压缩旋转能量流蓄发能量。走桩可以与打套路同时习练，但刚开始打套路也要以重心转换为主，逐步过渡到以心神抽合打套路。无论是走桩或还是打套路，其目的都是为了生成强大的能量传簇，而不是走桩或套路动作本身。

习练站立式的左右重心转换大约半个月，身体对压缩旋转有了初步感受，就可以把这种左右的重心转换变成循环向前迈步的前后重心转换了，即当重心全部转换到一条腿上压缩旋转到极致时，把另一条腿稍微向外侧前方迈一小步，再把胳膊自然抬起于胸前抱圆，胳膊不要做任何动作，只需随身体自然动作，然后把重心再向前腿转换，循环往复，这就是太极拳以重心转换走桩。（图4~图11）

图 4　　　　　　　　　　图 5

图 6　　　　　　　　　　图 7

图 8　　　　　　　　　　图 9

图 10　　　　　　　　　图 11

　　大家练不同派别的太极拳，走桩方式各异，但是万变不离其宗，不管怎么走，都要把重心转换加进去，把压缩旋转加进去，把虚实转换加进去，走出能量传簇，否则就是浪费时间，不会出功夫。

　　此时走桩依然要利用重心转换时自然产生的压缩旋转向地面施压，感觉地面的反作用力。随着持久的走桩，身体会慢慢感觉到上下贯通的能量，但这时身体还没达到上下贯通，只是对上下贯通的能量有感觉，上下贯通的一小部分能量会顺着腿向上上升到心神部位。另外，不断的压缩旋转也使得身体体会到了压缩旋转的中心点，这个中心点也在心神部位，上下贯通的能量和压缩旋转的中心点均指向心神，所以在上下贯通的能量和压缩旋转的共同作用下，心神的活动会自然与压缩旋转的动作合拍，慢慢地心神就会反过来抽合压缩旋转。习练走桩和打套路大概3个月到半年左右的时间就能感觉到心神。

　　要注意：一是走桩时腿不要弯曲太大，稍微弯曲一点即可，否则膝盖会痛。膝盖的压缩旋转不在膝盖本身，而是与其上下的大、小腿共同做螺旋运动产生的，膝盖本身不能够压缩旋转。二是走桩只需要身体体会重心转换和压缩旋转的产生，大脑不要带任何故意的意识，只用身体去感受。三是虽然已经明白了太极拳的习练方向，但是千万不要着急冒进，不要故意找心神抽合和上下贯通的感觉。四是不要故意加强压缩旋转的幅度，以自然为主，随着慢慢习练，压缩旋转的幅度会自然随着身体的适应达到极致。五是压缩并不是把身体压低，而是身体的骨骼肌肉自然的向下松沉堆积，无意识的堆积，就像放松坐着的感觉，将身体坐到腰胯上。六是旋转到极致时身体会有种被别住的感觉，这时支撑腿站立会很稳，这就是合的状态，达到这个状态后再将压缩旋转向另一条腿转换。

走桩习练的是压缩旋转的能量与以心行气，所以注意力就集中在压缩旋转的下行能量的产生上，不要过多计较外形动作，比如是脚跟先着地还是脚掌、步子迈多大等，而是用感觉最舒服的方式产生压缩旋转，因为太极拳的所有外形动作都是由内里的能量传簇定型的！习练出能量传簇后，任何人都会产生一样的外形动作。

走桩是让身体自己感受能量传簇，进而让身体反过来控制能量传簇，所以，一旦想加进大脑意识和肌肉紧张去促进重心转换生成压缩旋转，就完全丧失了走桩的意义，妨碍了身体对能量传簇的感受，就永远习练不会心神抽合。

三、用重心转换打套路

走桩和打套路可以同时习练，一般走桩一至二个月后，感觉到身体对走桩熟练了，就可以打套路。走桩、打套路可以作为贯穿始终的习练方式。

此时可以开始同时习练太极五行，具体习练方法请看第十节。

用重心转换打太极拳套路动作是为了习练出心神抽合上下贯通。套路动作是由掤、捋、挤、按、采、挒、肘、靠、顾、盼、定、随等动作，每个动作都贯穿着吞沉旋合，即以上八劲四式是吞沉旋合的不同应用方式。太极拳靠吞吐打人，所以不要去研究套路动作的技击作用，套路动作本身根本就没有技击作用，有技击作用的是每个动作所包含的掤、捋、挤、按、采、挒、肘、靠、顾、盼、定、随。练会这八劲四式就是功夫，否则套路打得再漂亮也是花架子。太极拳套路动作就是八劲四式的综合体，每个套路动作都可以分解成八劲四式。

通过上一章的论述，我们已经知道了太极拳的关键：心神抽合压缩旋转上下贯通。刚开始习练太极拳，无论是走桩还是打套路，总是要以找出心神抽合使身体上下贯通为目的。而要达到这个目的，就得与走桩一样，先以重心转换打套路。

说明一下，无论大家正在习练哪个派别、何种风格的太极拳，都不要改，继续打你所习练的太极拳套路，只是要把我说的重心转换、心神抽合加进去就行。

用重心转换打套路，就必须要在支撑腿上生成压缩旋转。套路动作中无论腿动与不动，总是单重并转换的。单重的目的是时刻保持身体在一条腿上的压缩旋转，转换是为了保持连绵不断的劲力。

走桩的重心转换是前后的转换，而打套路的重心转换是四面八方的转换，并且生成的压缩旋转也是向各个方向的。左右站立式的重心转换与前后转换的走桩生成的压缩旋转都是向身体外侧的旋转，而打套路则是习练身体向各个方向的压缩旋转。由于身体对旋转的中轴很好找并且很好感觉，所以习练心神抽合的效果更好。

用重心转换打套路时，要一个动作一个动作地习练，直到把一个动作的重心转换学会了，再练下一个动作。大约学会二十多式后，就能熟练地在四面八方重心转换，将整个套路动作顺利打下来。

现在以起势及搬拦捶、倒撵猴这三个任何太极拳都有的动作介绍打法。

起势：身体自然站立，自然松沉压缩，抬起胳膊于胸前抱圆，此时为无极的混沌状态，还没有分阴阳；身体松沉压缩到底后，左腿卸力，身体重心转换到右腿，生成压缩旋转，旋转方向为右，此时为无极生有极，有极分阴阳，左腿虚为阴，右腿实为阳，此为第一个阴阳转换。（图12）

图12

搬拦捶：周身压缩旋转的能量在右腿，右腿压缩旋转到极致时，借旋转之势将左腿向前迈一步，胳膊自然随身体抱圆，开始下一个阴阳转换；左腿落地后，右腿卸力，重心转换到左腿，在左腿生成压缩旋转，旋转方向向左，左手随压缩旋转向左搬，右手随压缩旋转向斜上方推出，此时左实右虚，此为第二个阴阳转换，为搬；左腿压缩旋转到极致，顺势抽起右腿向前迈一步，落地后生成压缩旋转，旋转方向向右，右手随压缩旋转向右拦，左手顺势向斜上方推出，此时右实左虚，为第三个阴阳转换，为拦；右腿压缩旋转到极致，顺势抽起左腿向前迈一步生成压缩旋转，向左旋转，左手随压缩旋转向左搬，右手向前握拳打出，左实右虚，为第四个阴阳转换，为捶。（图13~图17）

图 13

图 14 　　　　　　　图 15

图 16    图 17

倒撵猴：左腿原地开始反向压缩旋转，即向右旋转压缩，顺势抽回右腿与左腿并拢，双腿并拢后左腿继续向右压缩旋转，顺势将右腿抽至左腿后方，转身，右手松开拳头，双手随身体运动划圆，右腿落地后生成压缩旋转，接后面动作的阴阳转换，完成倒撵猴的动作。（图 18~图 20）

图 18    图 19

图 20

以上三个动作，身体经历了在四面八方各种状态下的压缩旋转，压缩旋转的下行能量在两腿间阴阳转换。这些压缩旋转和阴阳转换的中心点均指向心神。心脏在打拳时也要配合动作，即压缩旋转时要感觉从心脏开始向命门压缩旋转，心脏要主动向命门后贴。每一次压缩旋转心脏都要感觉后贴命门，命门与心脏之间的联系就慢慢建立起来了。然后再逐步感觉在压缩旋转时心脏继续向涌泉压缩旋转。切记，不要刻意使用意念或劲力找心脏后贴命门的感觉，让身体自己去体会感觉，如果刻意了，身体的感觉就被引导到刻意的方向上去了，身体就体会不出来了。

一句话，打套路时的每一个动作，自我感觉都要由心脏发起，所有动作都是在心脏后贴命门的同时完成的。在感觉到心脏与命门的联系之后，再让心脏逐步下探贴向涌泉，向涌泉压缩旋转。这样慢慢地，心脏就会随着压缩旋转下行到涌泉，身体的压缩旋转也慢慢地到涌泉，用前辈大师的话说，就是松沉到底了，心神抽合就慢慢形成了。

语言无力，我只说这么多，平时要靠刻苦的习练才能形成心神抽合。心神抽合不是太难的，我们弟子中有人三个月就练出来了。心脏通过血管与身体各部位的联系是客观存在的，我们要习练的只是将其找出来而已。

四、用心神抽合走桩、打套路

通过以上站立式重心转换、用重心转换走桩、打套路的习练过程，就会让身体习惯于在肌肉不紧张的状态下生成压缩旋转的下行能量，身体会感觉到心脏与命门、涌泉之间的联系，然后逐步加强这种联系，慢慢地就会感觉到心脏出现了心力，能够反过来控制压缩旋转了。这时，心力一下沉，身体就会自然生成压缩旋转。心力的产生就是心脏通过血管直接与身体先天一气联系上了，通过对心神与先天一气不断的阴阳转换的习练，心神与先天一气阴阳合一了，此时心神抽合的实质就是心神在控制先天一气，心神在抽合先天一气通过压缩旋转向命门直到涌泉，将全部先天一气的能量都转换于脚蹬地的下行能量。

习练会了心神抽合，就要放弃重心转换的习练，即不再利用自身体重生成压缩旋转，而是直接用心神去抽合先天一气使身体生成压缩旋转。至此，就学会了以心行气，才算真正入了太极拳的门了。

学会以心行气后，心神抽合逐渐强大，能够将全部的先天一气（即身体的全部能量，俗话说"吃奶的劲"）转换为压缩旋转的下行能量，身体才能够发出巨大的上下贯通之力。同样大小的先天一气的能量被转换为肌肉紧张发力和被转换为压缩旋转发力所产生的效果是不一样的，周身整体的压缩旋转几乎可以利用全部的先天一气的能量而没有任何损失或阻碍。

心神抽合也是有层次的，要随着习练的程度逐步加深，心神从最开始的抽合到命门、到涌泉、到河车运行、再到周身，习练太极拳的过程其实就是一个习练心神抽合到周身的过程，心神抽合到什么部位，就能够在这个部位生成压缩旋转，能量就会传簇到什么部位。

如果不会以心行气心神抽合，就永远进不了太极拳的门。此时有两种情况：一种是用无谓的松、松、松打拳，本质就是松懈，松懈则无法技击；另一种是依然靠肌肉紧张发力打拳，只不过是在偷偷摸摸地肌肉紧张发力做腰胯的拧裹螺旋。这种偷偷摸摸的肌肉紧张发力是无法与外家拳大张旗鼓的腰胯肌肉紧张发力抗衡的，因为只要是用肌肉紧张发力就没有本质区别，外家拳已经把肌肉紧张发力的机制研究得很彻底了，尤其强调利用腰胯的旋转力量打拳，所以绝不是偷偷摸摸地肌肉紧张发力就能够产生什么神奇效果的。技击永远要靠强大的能量传簇。

再说一下大家都关心的呼吸问题。

呼吸是肺部的功能，呼吸的作用就是吸收空气中的氧气经血管传送到身体细胞，让细胞与氧气产生氧化作用而生成人体能量（即太极拳的先天一气之一）。

呼吸有两种方式：一种是胸部扩张或收缩使肺部呼吸空气；另一种是胸部不动，以降低或抬升腹部膈膜的方式让肺部扩张或收缩以呼吸空气。习练太极拳时，由于能量从命门、尾闾、会阴向丹田两仪翻转，能够引起腹部鼓胀或收缩，从而降低或抬升腹部膈膜，而胸部却不动，从外形来看好像是腹部在呼吸，这就是所谓的腹式呼吸，就是太极拳的空心实腹。

由呼吸而获取氧气的时机与发力时对氧气的最大需求之间是有联系的，但这种联系不是由谁规定出来的，而是经过长期不断的习练而让身体自己去让呼吸与发力合拍，比如配合能量翻转的腹式呼吸。当习练出以心行气后，周身能量传簇均由心神抽合驱动，这时就会感觉到心在呼吸。一句话，习练到哪个部位，哪个部位就有与呼吸合拍的感觉，就会感觉到这个部位在呼吸。这个呼吸的感觉不是强求出来的，而是随着习练部位而感觉到的，所以呼吸的最好方法就是不要去管它，就自然呼吸，将来有什么感觉就是什么感觉，让身体自己习练出来能量传簇与呼吸之间的合拍。

长期的重心转换就能找到心神，由于心神就是身体通过压缩旋转找到的，所以在找到心神时，心神也自然会随着压缩旋转抽合了。

为什么学会了以心行气还要走桩呢？因为走桩是太极拳的基本功，几乎包含了太极拳的全部，如果功夫上身了，仅凭走桩，就可以赢绝大部分人。师父与我们弟子的推手，以及与所有其他人的推手，几乎全部用的就是走桩这一下子。就是说站着胳膊一抬，就能应付所有攻击。

走桩也可以练得熟能生巧，比如可以向后走、绕圈走、加入各种动作等，这样走桩就几乎包含了所有太极拳的内容了。拿我自己举个例子，我每天除了固定时间习练以外，平时只要有机会——不适合练拳但有时间和空间——我就会单练走桩，甚至胳膊都不抬，更甚的就是走路都在练走桩。

学会上下贯通心神抽合后，习练太极拳的重心就转化成用心神抽合能量在骨骼实现传簇贯通，然后归聚于心神，使上下贯通的能量在心神的归聚与身体各部位的扩张传簇贯通之间往复运行，通道畅通，让身体各部位"吃"进能量，"吃满"能量，让身体由"通"到"满"，能量"满"了以后，心神与身体各部位的能量传簇达到随心所欲，心神一动体内无处不有能量，逐渐达到空灵圆活的程度。打太极拳套路就是利用套路的外形动作习练身体的旋转压缩，继而抽合出心神，实现上下贯通。心神抽合习练出来后，将套路动作逐步"吸入"心神，改由心神抽合身体打套路，再抽合出精气神。

所以用以心行气心神抽合走桩、打套路是分阶段的。第一阶段是习练到上下贯通，此时上下贯通之力能够传簇到命门；第二阶段是练精化气，习练杨露禅先生所说的河车运行，打通脊柱三关；第三阶段是练气化神，生成虚领顶劲，此时身体能够被能量传簇对拉拔长，发出太极拳的基本劲力即骨涨劲。前三个阶段是练体内能量的生成的，即练力量的。第四阶段是练神还虚、凝神聚气，身体内动，四肢才能够展现实战能力，身体才能够双向传簇能量，实现引进落空、借力打力。即练神还虚这个阶段是练八劲技击的，这个阶段将前三个阶段练出来的能量运用到技击中去。

本节只介绍第一阶段，习练上下贯通。以心行气心神抽合能够将所有先天一气的能量阴阳转换为周身整体压缩旋转的巨大的下行能量，即将无形能量转换为有形的下行能量，只有巨大的下行能量才能更好地感觉并获得地面给予的上下贯通之力。

当身体开始向一侧压缩旋转时，心神会随着压缩旋转产生的下行能量向下抽，压缩旋转的能量到涌泉后上返，心神就会随着上行能量向上合。心神在习练运用先天一气的能量，到一定程度后，身体会自然感觉到心神具有了能量，并能驱动这个能量随着压缩旋转上下运行。当心神抽合先天一气的能量达到一定程度并感觉到心神将先天一气的能量向下抽时，会使身体产生更大更剧烈的压缩旋转；当压缩旋转的能量到涌泉后上返时，心神就会把上返的上下贯通之力能量向上提引，就是心神的合；涌泉会被心神抽合上吸，这就是完全会心神抽合了。即心神抽合的抽是抽先天一气，合是合上下贯通之力。经过长久地习练，心神就会抽合先天一气的能量驱动身体做出外形动作。但要达到用心神抽合出完全的外形动作需要很长时间的习练，在这个习练过程中，外形动作也要尽量与心神抽合相配合，即心神抽合到哪，外形动作就做到哪，尤其是刚走桩、打套路时，心神抽合还需要外形动作的引带才能更好更快地找到心神。会心神抽合后，外形动作可以配合心神抽合的加强。这种心神抽合与外形动作的配合就叫内外相合。内外相合与上下相随是习练太极拳的基本要求。

但是技击时身体的位置、动作等因素也是非常重要的，这就是身体的形。虽然太极拳习练的是内里的心神抽合，但是形不对就不能技击。比如说胳膊夹肘外张就不能引进落空，这时胳膊的抱圆就是形；走桩的动作，胳膊抱圆重心转换就能技击，这也是形。一句话，形就是配合心神抽合的外形动作，身体的形在与对手交手时要配合心神抽合而顺着对手的劲力走，抢占先机先势。比如胳膊与对手接手后，胳膊的形就要顺着对手劲力和自身的心神抽合引带对手劲力，这种心神抽合与形的配合就是高层次的内外相合。形意拳甚至直接把拳名叫形意，可见形与意（心神）内外相合的重要。

太极拳习练的套路动作就是太极拳的形，打套路就是在习练内外相合，动作配合心神抽合，心神抽合驱动动作，相辅相成。所以在开始习练太极拳的几年之内，内外相合是非常重要的。心神抽合强大到一定程度后，才能达到外形动作均由心神抽合驱动。

持久地心神抽合压缩旋转产生下行能量时，能感知到向下的压缩和横向的旋转的合一，即向下的压缩和横向的旋转的能量像拧螺丝一样拧入脚下；再往后能感知到拧螺丝一样拧入脚下的能量被反方向拧上来。持续习练下去，大约一年以后，会有那么一刻，突然感觉到你拧到脚下的力量贯穿到地下去了，身体似乎沉入地下，从地下返上来一股力量，直冲到你的后命门的位置，这时，你就是上下贯通了，你已经能在肌肉不紧张的状态下提引上来脚下的力量了。

这时你就会知道太极拳的混元劲，即太极拳发出的劲力就是竖向压缩的能量与横向旋转的能量的合一劲力，无论是引进对手的劲力还是打击对手的劲力，都是螺旋形的混元力。这个混元力是产生于内里的，而不是外形的圆，将混元力贯通传簇到胳膊，就是缠丝力。

在第一阶段中，心神抽合先天一气只是简单地生成下行压缩旋转的能量，这个能量没有回路，只是简单、反复地产生脚蹬地的作用，让身体感受下行能量以及地面给予的上行能量，目的就是为了上下贯通。在这个过程中，腰胯、腿脚不断地压缩旋转，这个压缩旋转除了产生下行能量，也是在习练传簇上行能量。太极拳蓄发合一，上下行能量都是被同一个压缩旋转传簇的，这就是打套路的同时习练身体在四面八方压缩旋转的原因，即打套路在习练身体能够向四面八方生成并传簇能量。

此阶段也要开始习练太极拳的意。意不是大脑意识，是身体自己的拳意。

习练拳意要贯穿习练太极拳的始终，即起势后，心神要产生吞意，感觉对手劲力打到自己心脏，心脏要吞入对手劲力，此时心神才开始抽合出压缩旋转，用下行压缩旋转引进吞入对手劲力下行到涌泉，此为吞意。压缩旋转为沉旋之意，压缩旋转到极致时，对手劲力被压缩旋转的下行能量传簇到脚下，再向上传簇，为合意。以上吞沉旋合即为每个套路动作的意，即身体自己的意。身体形成意后，就是一架自己理解并处理外力的机器。

太极拳无论习练到什么层次，都要让身体以吞沉旋合之意打拳。前辈大师说打太极拳要"练时无人若有人"，就是在练拳意，就是在没有对手的情况下让身体感觉在与对手对抗并在传簇对手能量。

这样走桩、打套路大约经过一年半到两年时间，快的也许一年内，就能够初步上下贯通了，即由压缩旋转的下行能量获得的地面给予的上下贯通之力到达命门。上下贯通之力到达命门后，就开始习练练精化气、练气化神。

五、练精化气、练气化神

先说说上下贯通之力生成后能量在周身的传簇。

能量的压缩旋转就是心神抽合先天一气向脚下涌泉压缩旋转运行，身体在先天一气的拉动下形成松沉外旋以蓄积能量，先天一气能量下行时拉动身体产生的松沉为压缩，带脉被拉动内外旋为旋转，压缩旋转提引上下贯通能量上行，上下贯通的能量与先天一气的能量被心神抽合阴阳转换合一后形成更大的能量在周身运行。

巨大的能量被心神抽合以压缩旋转的方式传簇到身体各部分，形成两个主要的能量运行，即由压缩产生的竖向的大小周天能量运行，由旋转产生的横向带脉、肩井、劳宫能量运行，周天和带脉的能量运行形成混元能量运行，使得身体形成一个球状的能量体，就是太极。

竖向的周天能量运行不断产生下行能量提引上下贯通之力加入能量运行，使得太极能量连绵不断；周天运行的能量在丹田向两仪肾俞、带脉传簇扩张，形成两仪的涌泉、肩井能量流，这两个能量向由心神、乳根、丹田、命门、天枢、肾俞、带脉形成的两仪三角区归聚，太极拳所有的能量均出自于两仪的这两个三角区。这个归聚能量的过程就是凝神聚气。

当能量归聚于两仪三角区时，我们会感觉到五脏六腑都蓄积着能量，仿佛五脏六腑都能发力打人。太极拳有一说：身备五张弓。指四肢和脊柱为弓，当四肢和脊柱都学会压缩旋转后，四肢和脊柱就会传簇上下贯通的能量，像弓一样蓄积着能量。当凝神聚气后，能量归聚于心神三角区，在五脏六腑发生能量传簇，这时外形的五张弓就转化为内里的五张弓，即心肺脾胃肾五张弓。尤其是形意拳，其劈崩钻炮横五种拳法就是由心肺脾胃肾这五张弓发力的。当然，这只是一种感觉，但有了这种感觉才是功夫。另外，能量在五脏六腑的传簇对人体的健身作用是任何其他健身方式都无法取代的。

初级的心神抽合先天一气路径如下：身体平常时为无极，无极时身体处于混沌状态，由心神起意抽合先天一气从心神向后命门贯通，使得先天一气与上下贯通之力阴阳转换合一，为无极生有极，有极生阴阳，阴为先天一气，阳为上下贯通之力，先天一气与上下贯通之力阴阳转换后合一。阴阳合一之能量从命门顺脊柱下行，经尾闾、会阴翻转至气海，在丹田归聚后形成太极。太极能量翻转回命门后分为两股，一股顺脊柱向上直至百会，形成虚领顶劲，然后经玄膺穴下沉回到心神，再开始下一轮抽合；另一股形成压缩旋转的下行能量从尾闾下沉到脚，然后经脚的压缩旋转将上下贯通之力提引回命门。

心神抽合的初级运行还不是周天运行，先以此运行方式向周天带脉混元运行（也叫浑天运行）过渡，待心神抽合强大到一定程度，除了初级的能量抽合通道以外，部分能量经玄鹰直接下到丹田，形成小周天运行；小周天运行时的下沉能量部分直接下沉到脚底涌泉，然后上返到百会，这样就完成了大周天运行。

在能量周天运行的同时，丹田能量逐渐向带脉扩张传簇，在两侧带脉逐渐形成两仪能量球，随着两仪能量的周天运行旋转，逐渐提引上下贯通能量至肩井，形成涌泉、肩井的能量传簇，在两仪实现上下贯通，两仪的上下贯通形成能量在乳根、带脉、天枢、肾盂三角区的能量归聚，这就是带脉的横向能量运行。

能量在脚跟与脚踝、脚面的能量传簇从腿的侧前方上升到心神，形成周天的逆行，叫提壶中土。习练太极拳的时间越长，功夫越深，感觉到的能量运行通道越多，周天运行的能量要顺逆均能运行，才能孕化全身，才能空灵圆活。

以上能量周身传簇运行的过程就是前辈大师说的练精化气、练气化神的过程，在这个过程中生成了太极拳的精气神。下面具体介绍：

上下贯通之力到达命门，只是初级的上下贯通，这个阶段的压缩旋转、上下贯通还需要继续练，因为还存在以下问题需要解决：一是这只是自身的压缩旋转上下贯通，如果将对手的能量加进来，就存在能否在下行压缩旋转时让自身能量与对手能量阴阳转换并合一为自身能量并从脚下传簇上来发出的问题，这个问题的实质就是自身的压缩旋转上下贯通是否强大到能够左右对手能量的程度；二是上下贯通之力只是到了命门，还不能够传簇到头顶百会，即上下贯通之力还不能在整个骨骼中传簇，此时的脊柱就像一根木头，只能够简单地将上下贯通之力从一头传导到另一头，而不能被使用。要想让脊柱发挥作用，就要让脊柱学会压缩旋转，将木头变成弓、弹簧、鞭子，将上下贯通之力射、弹、甩上去，上下贯通之力才能够被用于实战。以上两个是主要问题，解决这两个主要问题的方法就是习练杨露禅先生说的河车运行。

太极拳体内的能量流就是精气神，精气神是一步一步以阴阳转换习练出来的，这个习练精气神的过程就是练精化气、练气化神。练精化气、练气化神的过程均由走桩、打套路的方式习练，即在走桩、打套路时按照杨露禅先生说的河车运行打拳。

心神起意抽合先天一气由前胸心脏部位贴向后命门，先天一气在命门与上下贯通之力阴阳合一，经命门、尾闾、会阴向丹田翻转，这时尾闾产生压缩，会阴产生旋转，尾闾会阴间的能量传簇就生成精气神中的精。这个精完全是由先天一气所生，为阴，太极拳的一切能量传簇均由精生成。尾闾、会阴的能量传簇就是杨露禅先生所说的河车运行。人体在尾闾、会阴部位的能量传簇是断的，有两条"河"阻断了能量在上下左右的传簇。一是支撑腿的压缩旋转能量传簇只存在于身体一侧，无法传簇到身体的另一侧，不解决这个问题，太极拳就不能实现能量在两腿之间的阴阳转换而生成连绵不断的劲力。在重心转换阶段，压缩旋转在两腿间的转换还需要一些肌肉紧张发力推动转换，只有经过河车运行才能够完全不用肌肉紧张发力。二是人体尾闾以下的胯腿脚是活的，可以随便传簇能量；尾闾以上的脊柱是"死"的，不经打通三关，脊柱只能自然传导上下贯通之力，但是这个自然传导的上下贯通之力也是"死"的，相当于能量从一根木头的一头传导到另一头，是不能用于技击的。只有打通三关后，脊柱产生压缩旋转才能主动将上下贯通之力完全传簇上来，这种能量传簇相当于一条鞭子、一个弹簧、一把弓箭，把上下贯通之力从根节甩到夹脊、玉枕、百会爆发出来。上下贯通之力在夹脊前透心胸，上透玉枕，前透心胸的能量传簇与尾闾会阴的能量翻转共同形成腰腹折叠、心胸开合，上透玉枕的能量传簇形成虚领顶劲，将身体对拉拔长，使能量在周身骨骼实现传簇，身体才能发出骨涨劲这个巨大的力量。就是在尾闾、会阴部位的这两条"河"阻断了周身的能量传簇，而先天一气在尾闾、会阴的能量翻转，尾闾的压缩如车轴，会阴的旋转如车轮，即尾闾、会阴的能量翻转如一辆车一般将周身上下左右的能量"运过河"，实现能量在周身的传簇。这就叫河车运行。

河车运行的作用有：①河车运行的能量传簇实现身体两侧压缩旋转能量的阴阳转换，生成太极拳连绵不断的劲力；②河车运行的能量传簇驱动两腿运动（此时彻底放弃了肌肉紧张）；③河车运行的能量传簇下吸涌泉以获得上下贯通之力，上拉脊柱使脊柱生成压缩旋转的能量传簇，此为打通三关的机关；④河车运行的能量传簇在丹田翻转后向两仪扩张，在天枢、肾俞、带脉形成两仪能量翻转，这个能量翻转将与夹脊传簇上来的前透心胸的能量共同生成腰腹折叠、心胸开合，腰腹折叠、心胸开合就像涡轮发动机一样向涌泉增压，即重复使用先天一气与上下贯通之力的能量，以获得极致的上下贯通之力；⑤能量从命门向尾闾、会阴的竖向翻转生成压缩的下行能量，从会阴向丹田再向两仪的带脉的横向翻转生成旋转，这样，重心转换时利用体重产生的压缩旋转，现在就完全被心神抽合的河车运行替代了，成为了心神抽合出来的压缩旋转能量流，即混元力，身体成为球状能量体。

河车运行是太极拳的功夫机关，太极功夫的一切就蕴含其内。河车运行的能量传簇生成太极拳精气神中的精。以上河车运行的五个作用就是精的作用，就是先天一气与上下贯通之力合一的作用。生成精后，外形的压缩旋转彻底转换成竖向的涌泉、百会能量传簇和横向的带脉能量传簇，使得身体形成球状能量体，这就是太极。此后，太极拳就没有外形动作了，只有内里的能量传簇，外形套路动作都是由内里能量传簇驱动出来的。此时打套路的唯一目的就是提炼精气神的能量传簇，套路动作没有任何实战意义。

精下吸涌泉生成的下行能量传簇到脚，在脚跟形成压缩，脚踝、脚面形成旋转，脚的压缩旋转就是弹簧劲的根源。这时脚好像踩在一个气垫子上一样，脚随着压缩旋转的能量传簇好像被充满了气，随时会爆发出来，这就是精气神中的气。气是太极拳技击能量的来源，是太极拳根节的能量源。气的实质是压缩旋转的下行能量获得的上下贯通之力在脚生成的能量传簇，气的出现就意味着属阴的先天一气中的精被阴阳转换成了属阳的上下贯通之力，这个过程就叫练精化气，其本质就是用先天一气获得了用于技击的上下贯通之力。

练精化气是太极拳重要的阴阳转换，阴生阳，精生气，气生成的上下贯通之力上返尾闾、命门，经河车运行使脊柱产生压缩旋转，三关经过压缩旋转被打通后传簇到百会，形成上行的虚领顶劲。这时，身体被下行压缩旋转的先天一气与上行的上下贯通之力两夺对拉，头顶悬足入地，身体骨骼被能量传簇对拉拔长，生成骨涨劲，太极功夫才会显现出来。这时与对手推手，对手的感觉就是碰到了一座山，不可撼动。

先天一气被脚面的旋转从腿侧面向上传簇到心神、百会，在百会与上下贯通之力阴阳转换合一，生成太极拳的神。这时，太极拳才形成完整的心神，有了完整的心神才会有完整的心神抽合。百会、玉枕到此时才出现压缩旋转的能量传簇。压缩旋转的下行能量从百会、玉枕的压缩旋转开始，向下催脊柱三关压缩旋转、催腰胯腿脚压缩旋转，才能够做到周身整体压缩旋转，这时产生的向下的能量才达到最大。由于百会是向下压缩旋转的起点、上行上下贯通之力的终点，所以百会是上下相随的能量传簇的起始点。被称之为神。此时，完整的心神抽合才形成，心与神一起抽合出压缩旋转。心主拳，神主力，力由神起，拳由心发。心动神起力发，一动无有不动，举手投足都是周身的整劲。

心神合一就生成太极拳的意，用意不用力的意。这个意的实质就是身体已经将心神抽合压缩旋转的发力方式完全替代了肌肉紧张发力方式，心神抽合形成了条件反射。在这种情况下技击，身体已经被习练成一架会听劲、懂劲，并能够自动处理能量传簇的机器，不需要大脑参与。身体本身就会与对手的能量阴阳转换合一，就会处理任何打来的劲力。这个过程就是练气化神，其本质就是将上下贯通之力从脚一直传簇到百会，形成虚领顶劲，实现上下贯通的能量在骨骼中的传簇，将心神抽合习练成条件反射，生成神，神是阴阳合一的产物。

现在我们总结一下：太极拳最基本的原理就是上下相随，将先天一气转换成压缩旋转的下行能量作用于地面，以获取上下贯通之力，此过程为练精化气；将上下贯通之力从脚用压缩旋转经三关传簇到百会形成虚领顶劲，此过程为练气化神。练精化气生成下行能量，获得练气化神的上行能量，这两个上下行能量将身体骨骼对拉拔长，生成在肌肉不紧张状态下的巨大技击能量。

由先天一气开始，经过练精化气、练气化神，到虚领顶劲的出现，太极拳实现了能量的周身骨骼传簇。从先天一气到虚领顶劲，太极拳是靠心神抽合产生的一步一步的阴阳转换和阴阳合一实现的。

这时，太极拳才完全生成精气神，生成周身完整的能量流，缺一即不可形成太极功夫。精气神需要经过长期的苦练才能形成并感觉到。将来把精气神练入骨内肉内，不着形式，周身除了精气神空无一物，凝神聚气，为练神还虚，空灵圆活了即练虚合道。

六、凝神聚气、练神还虚

经过了练精化气、练气化神的习练过程，太极拳实现了上下贯通之力在周身骨骼中的传簇，骨骼中的上下行能量传簇能将骨骼对拉拔长，发出骨涨劲。骨涨劲虽然巨大，但还不是空灵圆活的能量传簇，所以下一步就是要将骨骼中传簇的能量向周身其他部位的组织器官，包括五脏六腑、肌肉、四肢等组织器官传簇贯通，这些"活"的人体组织才能将"死"的骨骼中传簇的能量习练到空灵圆活的程度，这个过程就叫凝神聚气，也就是前辈大师所说的练神还虚。能量传簇贯通到身体所有部位后，整个身体均由心神抽合产生运动，即心神一动，身体无有不动，此时身体似乎感觉到空虚了，不是沉重而是空灵，所以被称之为练神还虚。还虚的实质就是以心行气的发力方式没有丝毫阻碍约束，周身皆动，能量不结于一处而是周身皆是能量，周身空灵。

上下贯通之力在督脉三关传簇到百会，任督二脉之间的腰腹心胸在三关均有能量传簇。命门部位的河车能量运行，上拉脊柱将脊柱拉成像虎背一样的弓状，下拉尾闾、会阴将命门后鼓，能量向丹田翻转一圈后再回到命门，使腰腹产生折叠，腰腹折叠为命门的上下贯通之力与河车运行的先天一气阴阳合一后生成，其本质就是将上下贯通之力再阴阳转换为压缩旋转的下行能量，就像涡轮发动机一样给压缩旋转的下行能量增压，以循环获取更大的上下贯通之力，这也是太极拳能够发出远远大于肌肉紧张发力的原因。腰腹折叠的另一个作用是踢腿，即太极拳的踢腿是上下贯通之力与腰腹折叠带动的，所以极少消耗体力。功夫巨星李小龙用肌肉紧张发力可以一口气踢腿1700下就是极致了，而用腰腹折叠踢腿，我的年轻师兄弟基本上都能一口气踢2000下以上，师父有一次竟然用了四个半小时的时间一口气踢了8000腿！有兴趣的可以每天早上去我们场地看看，师父每天早上固定踢3000腿。这就是太极拳的发力与肌肉紧张发力的区别。

上下贯通之力在夹脊前透心胸，直接与心神抽合的先天一气阴阳转换合一，即上下贯通之力直接加强了先天一气的能量，生成心胸开合。心胸开合的实质就是上下贯通之力加入了心神抽合，此时的心神能抽合出极大的能量。心神抽时，似乎将锁骨、肋骨、肩胛骨都抽向心神，整个胸部几乎都被抽塌陷向心神了。心胸开合除了与腰腹折叠一样能够向压缩旋转的下行能量增压并直接增强心神抽合的能量以外，还有一个作用就是吞吐对手能量，即心胸开合拉动锁骨、肩胛骨、肋骨部位压缩旋转，直接将上下贯通之力传簇到胳膊和手，也能把胳膊或心胸吞入的对手能量传簇回脚下，吞为开，吐为合，是为开合。（图21）

图21

腰腹折叠、心胸开合的实质均为上下贯通之力加入到先天一气之中，与先天一气阴阳合一后，生成更加巨大的压缩旋转下行能量，以获取更加巨大的上下贯通之力。太极拳先天一气与上下贯通之力之间如此的阴阳转换合一，导致了太极功夫是无穷无尽的。习练的时间越久，习练出来的阴阳转换合一就越多，功夫就越深，习练二十年的永远不会知道习练到五十年的太极功夫是什么样的！

上下贯通之力传簇到玉枕，会在玉枕形成压缩，百会形成旋转，玉枕、百会之间的能量传簇会慢慢打通泥丸，实现自身小宇宙与四周宇宙的阴阳转换合一。

上下贯通之力传簇到百会，会与从督脉下行后从任脉逆行上返的先天一气在百会阴阳合一，生成太极拳的神。神主力，力由神起，习练出神了，就意味着心神合一，实现心动神起力发的一动无有不动，举手投足都是周身的整劲。

上下贯通之力在百会经印堂、玄鹰下到心神，再次与先天一气合一，与腰腹折叠、心胸开合共同将先天一气与上下贯通之力阴阳合一后归聚到以心神、天枢、肾俞、带脉为中心的心神三角区内，这个三角区积存着太极的所有能量，使得周身形成一个球状能量体。能量在三角区内的五脏六腑传簇，使得人体相应地感觉到五脏六腑都能发出能量，这就是太极拳将五行直接对应于五脏的原因。形意也是一样的。

心神三角区积存的能量向四肢百骸、肌肉组织贯通，可以使得肌肉产生松紧。肌肉的松紧与肌肉紧张不是一回事。松紧是靠心神抽合控制的能量传簇，松紧是太极八劲吞吐的根基。只有有了松紧，太极拳才能使出粘连黏随的八劲吞吐，即在瞬间就能与对手能量发生多次阴阳转换，对手发力我就松吞，对手卸力我就紧吐，紧逼对手劲力，让对手无所适从，最后被我吞吐。

凝神聚气后，身体彻底实现了"通"，即周身的压缩旋转使得身体学会了双向能量传簇。身体无论哪个部位受到对手打击，都会用压缩旋转传簇其能量到脚下，为引进落空，为吞；将上下贯通之力发出即为借力打力。

身体"通"了以后，就要习练"满"。满的概念是指能量传簇的满，让能量充满周身。初级的重心转换习练的是腰胯腿脚的压缩旋转，上身跟随腰胯腿脚被动产生压缩旋转，可以实现初级的上下贯通，即将上下贯通之力传簇到命门。心神与上下贯通之力在命门阴阳合一后，自身与对手能量的阴阳转换在命门小周天就可以合一，即此时借力打力在中节即可实现。心神抽合强大后，河车运行拉动脊柱三关压缩旋转，上下贯通之力周身传簇，就是能量传簇满到了心神，心神就可以直接借力打力。凝神聚气后，能量传簇满到四肢百骸，就实现了在与对手能量接触点上直接借力打力。

太极拳只有习练到通、满的程度，才具备技击能力。

以上练精化气、练气化神、练神还虚的过程，不是让你刻意按照我说的路径去逼迫能量运行，而是能量完全随着以心行气压缩旋转自然习练出来的。所以，不要问能量是按照什么路线传簇的等问题，因为功夫都是随着压缩旋转的能量传簇自然而然地习练出来的，压缩旋转到哪个部位，哪个部位就产生能量传簇，精气神则自然就习练出来了，并且能量传簇的路径绝不仅仅是我说的这些，练的时间越长，感受到的能量传簇路径越多。太极拳是练出来的，不是想出来的，所以不要以思维去想我所写的，而是要按照我写的去习练，自然而然就出功夫了。

其实从科学的角度来探究太极拳，确实有许多不解之谜，比如：经脉到底是什么？为什么人能够感觉到经脉，而人体解剖中却找不到经脉？压缩旋转是经过什么媒质产生的？有人说是一些位于腰胯、脊柱附近的小肌肉群产生的，其实这是完全不对的，主张小肌肉群的人是没有真正体会到太极拳的巨大能量，这种能量别说是小肌肉群了，就是周身大肌肉也无法发出太极拳的巨大能量！

太极拳是前辈大师在没有理论基础而只以不断的亲身实践下创造出来的，它给后人留下了许多未解之谜，解开这些未解之谜，就是我们后人传承太极拳要做的事情之一。

七、走桩、打套路的习练层次

前面的内容在讲解时我区分了重心转换、以心行气、上下贯通、练精化气、练气化神、练神还虚几个阶段，但在习练时，可以说以上这些过程——尤其是出现了心神抽合之后——几乎是同时习练的。为什么这么说呢？因为以心行气压缩旋转是贯穿太极拳始终的习练方法，练精化气、练气化神、练神还虚是用以心行气压缩旋转的方式习练出来的，所以只要在习练以心行气压缩旋转，就是在同时习练各个阶段。比如说，我们习练练精化气这个阶段，这个阶段的河车运行同时在上拉脊柱使脊柱生成压缩旋转，其实这也就是在习练练气化神。因此，以前介绍的各个习练阶段只能以结果划分，即练出上下贯通了，下一个阶段就是练精化气了。

以上各个阶段都是通过走桩、打套路来实现的，即通过走桩、打套路实现从重心转换到练神还虚的各个阶段的能量传簇，所以走桩、打套路也要随着能量传簇以及习练者的具体情况分层次，在每个层次的要求是不一样的。

习练走桩、打套路可分为初、中、高级层次。

初级层次

人体的无极状态就是自然原始的静止状态，不分阴阳。一旦以心神抽合启动身体运动，就是进入有极状态，两腿即分出阴阳虚实。抽合出心神后，只要心神不启动，身体就会静止，只有用心神抽合才能将身体启动运行。所以，打太极拳之前要先静止一会，进入静止的无极状态，然后用心神抽合启动身体打套路。

从无极状态启动时，心神抽合先天一气向后贯穿入命门，下吸涌泉，带动身体稍微下沉，同时抬起胳膊。此时，完成太极拳起势，身体下沉，胳膊抬起抱圆。

起势完成后，开始无极生有极，有极则分阴阳虚实，心神抽合向身体一侧生成压缩旋转，此时压缩旋转腿侧为实为阳，另一腿侧为虚为阴，然后开始走桩或套路动作，在两腿之间阴阳转换压缩旋转。如果是走桩，就将压缩旋转不断在两腿之间转换。如果是打套路，则在重心腿上生成压缩旋转，完成一个动作后再将压缩旋转转换到另一条腿上。胳膊视套路动作自然运动，但不要过多关注胳膊及外形动作。

中级层次

走桩时，心神抽合先天一气与后命门的上下贯通能量合一，形成走桩的能量运行通道。心神向后贯通到命门与上下贯通的能量结合沉入尾闾，经会阴翻转到气海，先天一气与上下贯通的能量在丹田融合翻转鼓胀，生成一个能量球，就是太极。心神抽合丹田内的太极能量向脚下贯通，拉动身体向下压缩旋转到脚底涌泉，同时也把脊柱向下拉，驱动脊柱压缩。压缩旋转到脚底涌泉提引上下贯通的能量上行，上行能量有顺着脊柱向上顶的趋势，去感知这个向上顶的能量，就是虚领顶劲的雏形，也是能量打通小周天运转的前锋。这个向上的虚领顶劲与心神将丹田的太极能量向下的抽合形成两夺对拉之势，头顶悬足入地上下贯通，形成身体中轴的对拉拔长，这是太极拳身体中轴的发力。此时，我们虽然具备了初步的能量在两腿与中轴的运行，但我们的两仪还不会驱动能量运行，就是说我们的胳膊腿还不会传簸能量，还不会技击。

心神抽合丹田的太极能量在两条腿间来回的压缩旋转转换，会引起丹田的太极逐渐向两仪的肾盂、带脉鼓胀扩张，久而久之，太极会以丹田为中心在两侧的肾盂、带脉生成两仪，两仪各生成一个能量球交叉逆向翻转，形成混元状态的能量运行，两个球的连接点在丹田，成"∞"形。两仪的压缩旋转驱动能量上下运行传簸，将身体各部位催动节节贯通，生成四肢的四象，就是太极功夫。当然这需要很长一段时间的节节贯通，不是一蹴而就的。这样，我们就把心神先天一气的能量与后命门上下贯通的能量阴阳转换合一到两仪，形成驱动两仪运行的能量，两仪的能量运行才能技击。

随着心神抽合的增强，两仪的能量翻转会越来越大，当两仪能量上翻转到肩井下翻转到涌泉时，就会出现"井提泉"的两仪能量流，即肩井能直接将涌泉的脚下能量提起游走，两仪充满流动着的能量。这样，两仪就会自己产生并运行能量了，这是太极拳技击的主要力量源泉。上翻到肩井的能量会很快贯通到劳宫，劳宫与涌泉产生能量传簸，实现能量在大周天的运行。

两仪能量随着心神抽合向心神归聚，逐渐形成以心神为顶点，向下到乳根、天枢、肾俞，向外到带脉的两仪三角区，能量归聚到这个三角区后，能拉动身体产生腰腹折叠心胸开合的变形，使身体产生折叠劲、开合劲，加上中轴对拉拔长的骨涨劲，就是太极拳的功夫。

打套路时，从无极状态启动，心神抽合先天一气向后贯穿入命门，先天一气与上下贯通之力阴阳合一，为无极生有极；命门的能量沿脊柱下行经尾闾会阴翻转至气海（丹田），此为有极生太极，形成腰腹折叠；尾闾会阴之间形成能量传簇，驱动两腿之间的阴阳转换与腿的运动，下吸涌泉，上拉脊柱，生成精气神。精气神在丹田形成"∞"形带脉，中心是丹田，两边的圈位于两肾带脉部位，为两仪，这个"∞"形带脉以丹田为中心两仪不断旋转，两仪翻转如同由发动机（丹田）带动的泵站，将精气神上下驱动，此为太极生两仪。此时，由于精气神从尾闾会阴向丹田的上翻，带动身体稍微下沉。

两仪的旋转将精气神上下驱动，下行精气经尾闾至涌泉，继续拉动身体下沉；上行的精气神经尾闾到夹脊，由夹脊向前贯通到心胸，形成心胸开合；夹脊向上经玉枕贯穿到百会，形成虚灵顶劲，拉动身体对拉拔长，与下行至涌泉的精气神形成头旋顶足入地两夺对拉之势；夹脊向上贯通到肩井再到两手劳宫，劳宫与涌泉产生气脉圈。上行精气神将身体上顶的同时浮起胳膊。此时，完成太极拳起势，身体下沉，胳膊抬起抱圆。

起势完成后，下行至涌泉的精气神上返丹田，上行至百会的精气神经印堂压缩玄膺旋转的鹊桥能量运行传簇回丹田，拉动身体开始做出下一个套路动作的引带动作，就是吞沉旋。吞为起意，意为引上下贯通之力吞入对手劲力；沉为精气神下行，表象为向下压缩之力，为竖向力，形成竖圆；旋为两仪旋转，表象为横向力，形成横圆，沉旋之力形成球样的混元力。精气神下行形成的混元力引带对手劲力下行至脚下。精气神下行至脚下后，对手劲力已经落空，套路动作的引带动作完成，然后就是发力动作，内里就要合。合为将对手劲力引带下行至脚下的精气神上翻贯通到百会，形成虚灵顶劲拉动身体对拉拔长发力；同时，两仪能量归聚于心神，中轴和两仪共同发力打击对手。

以上为每个套路动作的吞沉旋合，是最基本的抽合，这样的吞沉旋合是精气神先下行再上行，表象是先引进后发力打击。

打太极拳套路不能只像做广播体操那样把动作做完，而是要追求内里的上下贯通旋转压缩。一个太极拳套路里，有的式子只一个心神抽合压缩旋转过程就能完成，有的式子则需要多个心神抽合压缩旋转过程，即多次的阴阳转换，那么在做每个式子时，都要完成一次或几次阴阳转换，就是一个或几个心神抽合压缩旋转的完全过程。打完一套太极拳，就完成了比式子多得多的心神抽合压缩旋转。只有这样打出来的太极拳，才能出功夫。

刚习练太极拳者，还不会抽合，没有精气神，但是必须每个动作都要做出吞沉旋合整个过程，只有做出了吞沉旋合才可能引带出内里的心神抽合，然后过渡到用心神抽合打套路，最后过渡到用精气神游走打套路。

打套路时只注重吞沉旋合，其他的什么都不要去想、不要去要求，否则就是本末倒置，将太极功夫的结果拿来当过程习练了。比如虚领顶劲、掤劲、对拉拔长、精气神的走向，等等，都是太极功夫的自然结果，不能拿来当过程练，否则只会搞得手足无措，不知所以。

打套路时，尾闾、夹脊、百会三关要领起，领起不是说挺一下腰就行，而是要让脊柱压缩旋转传簇能量。三关领起时要松，三关越松，尾闾、会阴的精气圈对脊柱的下拉压缩和带脉带动的旋转就越强烈。尾闾松则上下贯通的能量就能透到夹脊，夹脊松了能量就能向前透到心胸、向上透到百会。尾闾、夹脊、百会的松就是要把心神抽合压缩旋转传簇到这三关去，上下贯通的能量才能传簇到百会形成虚领顶劲。

练套路时身体里会出现各种气圈，脚脖会出现压缩旋转的弹簧气圈，胯与膝出现鼓胀气圈，腰围带脉出现横气圈，尾骨和会阴穴相通会产生精气圈，前心后命门贯通会产生先天一气气圈，夹脊和前胸有开合气圈，玉枕和百会贯通就会有神气圈，劳宫、涌泉有相合相吸气圈等。

当头顶出现虚领顶劲，身体出现腰腹折叠、心胸开合，脚下出现压缩旋转的弹簧气圈时，练习者对太极拳的理解又深入了一个层次。习练到出现虚领顶劲时，身体仿佛倒过来了，即仿佛整个身体像个晾晒的衣服那样挂在脑袋下面。有了虚领顶劲的这个感觉，我方才敢于承接住任何对手打来的劲力而不会被对手劲力制约，因为我方的身体是"挂"着的，会随着对手劲力伸缩自如还紧贴对手，这就是舍己从人。

尾闾、会阴的能量传簇抽动腿的运动，心神三角区的能量传簇撑起胳膊，周天的压缩能量传簇抽动身体上下运动，带脉和肩井、劳宫的旋转能量传簇抽动身体左右旋转的运动，身体的所有运动都要由心神抽合驱动。

当心神抽合强烈到一定程度，身体就会不自觉地任随心神抽合身体运动，速度不亚于披挂翻子，旋转不亚于游身八卦，这时习练者才会发现原来太极拳具有如此的威力！

最重要的是，心神直接抽合能量运行生成了太极的"意"，即用意不用力的意！这个意就是心劲。内家拳发力的心劲。这时，心神只要生出吞吐之意，能量就会自然随着心神之意传簇运行了。与对手交手时，是自己的心神产生要吞入对手的意念，是自己的心神要发出力量打击对手的，从这个意义上说，太极拳就是把身体习练成一个自己会理解劲力并打击对手的技击机器，太极拳的意就是已经将以心行气、压缩旋转习练成条件反射了，就如大脑对肌肉紧张的控制。

即便我以自身的感觉讲得如此清楚，我依然相信读者还是会看不明白某些内容。太极拳是习练出来的，没有习练过程是无法想象太极拳是什么样的，没有基础功夫的积累也是无法感知下一步的功夫是什么样的。

高级层次

太极套路动作是习练以心行气、心神抽合和八劲吞吐的，除此之外，套路动作没有任何技击意义。除非对手做好挨打的架子等着你打（这种情况存在于有些太极拳的一些教学活动中），你才能用套路动作打人，但这种情况在实战中是不存在的。再者，太极拳的高明不在于动作而在于功夫，太极拳的任何一个动作和技巧，外家拳都有，所以太极套路动作与外家拳等技击术相比没有任何优势。将太极拳某个动作看得比其他动作高明而具有特殊的技击意义是一个扭曲的认识。

从初级的重心转换到用心神抽合打套路，这个阶段套路动作习练的是心神抽合，让上下贯通之力周身传簇，而到了高层次，太极的套路动作练的就是技击八劲吞吐。

从最简单的走桩这个动作说起。高层次的走桩，起手就得有上下贯通上来的向上顶的掤劲。掤劲是万劲之母，是由脚下经过三关传簇上来的，异常巨大，无论对手打来的劲力有多大，都能轻松地把对手劲力浮起，吞入对手劲力，让对手失去根基，是为引进落空的开始。由于掤劲是三关打通后才能发出，所以不会能量传簇而只以为领起三关就是挺一下腰的太极拳是无法发出掤劲的。只会无谓的松懈而不会松着发力，当其遇到掤劲时，由于失去根基会突然感到心惊肉跳，浑身马上紧张起来硬顶，不敢松懈了，因为其心里知道此时一旦松下来的后果，就是被掤拔起。由于对手硬顶，掤就要转换为前手挤后手捋或按，前挤后捋按形成挒劲，对手就出去了。

不会太极功夫的，外力很大的，被掤起后就手足无措了，整个身体立即失去重心，连硬顶的劲都使不出来，也许就用不着后续招数了。所以在高层次的走桩中，掤、捋、挤、按、采、挒、肘、靠八劲是必须要打出来的。

太极有句话叫练时无人若有人，说的就是在练时虽然没有对手，但是一定要把打击对手的劲力都使出来，所以高层次的走桩要打出八劲。八劲不是按照顺序打出，而是在每一刻都要有八劲的阴阳转换，走一步桩，至少要经过 4 次掤捋挤按的阴阳转换，再进一步，还可以打出采挒肘靠，八劲皆出。

再说套路的具体打法。比如云手，云手的动作非常明显，起手就是掤，上为捋，中为挤，下为按，实战中使了这四劲，就与对手贴上脸了，所以在云手中，前手掤捋挤按，后手就要采挒肘靠了。再如搬拦捶中的捶，是一个不明显的动作，有些太极拳就是直接向前打出一拳，没有任何阴阳转换。但我师父打这一捶至少需要 5 秒钟，经过至少 3 个阴阳转换，这一捶能缩能伸能变，能掤能挤能按，一捶之中就能随对手劲力转换多次，只有这样才能达到粘连黏随的程度，对手想躲躲不开，想顶顶不住，想跑都跑不掉。我师父打一个套路动作能打出几十种阴阳转换的劲力，即举手投足都蕴含着八劲，粘连黏随，吞吐自如。

八劲的本质是上下贯通的能量，这个能量在与对手打来的能量阴阳转换时的转换方式可分为八劲，但是当一个人打套路时，没有对手能量只有自身能量，怎么打出八劲呢？这时就需要心神的自我感觉和调整，即太极拳的意。这个意常被理解成大脑里的意识，是不对的，太极拳的意就是身体本身的意，意的实质是将心神抽合发力习练成了人体的条件反射，有了意的条件反射，身体就成为了一架会自动处理劲力的机器，这就是听劲懂劲，不用大脑参与，身体自己就懂得怎么处理对手打来的劲力。

举个例子来说明什么是意：在没有形成意之前，与对手推手比的就是功夫；形成意后，身体就有了质的变化，与对手一接手，心神自然抽合就吞入对手能量并与对手能量合一，对手就摔出去了，而且还不知道是怎么摔的，而我自己则不知道是怎么吞吐的对手劲力，竟然能像师父一样把对手轻易摔出。这就是意，身体自己的条件反射，大脑是不知道怎么回事的。

身体的意决定了八劲的蓄发、吞吐，完全与大脑意识无关。太极拳起意就是掤，意一缩就是捋，一探就是挤，一钻就是按，一分为采，一合为挒，一进为肘、靠。八劲不是严格割裂的，是随着对手劲力不断转换的，所以打套路时一意含八劲，意在每时每刻是都准备并能够转换到任意一个劲力的。这是太极拳在高层次习练的功夫，这个功夫是无穷无尽的。从这个意义来说，大概杨露禅前辈也没有练到太极拳的极致功夫。当然我们谁也不知道太极拳的极致功夫是什么样的，这个是我的妄论，但却是事实。

八、打套路为什么要缓慢

周身整体的压缩旋转就意味着周身每个部位都要习练会压缩旋转。从下行能量传簇来说，从头顶的玉枕压缩、百会旋转到脊柱三关的压缩旋转，再到腰胯的压缩旋转，正面腰腹折叠、心胸开合的压缩旋转，腿部的压缩旋转，一直到脚跟的压缩和脚踝脚面的旋转，从头到脚的整体压缩旋转才能够产生远远大于肌肉紧张发出的脚蹬地的下行能量，所以身体才能够获得巨大的上下贯通之力。上下贯通之力同样需要从脚、腿、腰胯、腰腹、心胸、脊柱三关直到百会的压缩旋转实现周身能量传簇。周身整体的压缩旋转能够把身体练成一张巨大的弹簧、一张弓、一条鞭子……把上下贯通之力弹、射、甩上来！这种能量传簇方式就是前辈大师说的力催三节，根节催中节催梢节。

在这种能量传簇方式中，能量是在周身骨骼经脉中传簇的，因此身体的每一个能够活动的骨骼、组织器官都要习练会压缩旋转，即让能量从脚开始，以最下面的骨骼的压缩旋转去催动其上的骨骼，一节一节地催，一节一节地压缩旋转，用这种压缩旋转将能量传簇到周身。习练太极拳主要习练的就是周身整体的压缩旋转，每个部位、每块骨骼的压缩旋转，用底节的压缩旋转催上一节的压缩旋转——不仅仅是人体三节，而是每个部位、每块骨骼都是一节——就这么一节一节地习练压缩旋转，因此只有缓慢地打拳才能够让身体感觉体会能量在身体各节之间的传簇。

刚开始习练太极拳，只会阴阳转换，还没有习练到阴阳合一，所以下行压缩旋转与上行上下贯通是分离的。习练到阴阳合一的程度，同一个压缩旋转就能够传簇上下行两股能量。更深入到了满的功夫，就要让每一个部位、骨骼都能够双向催，上下同时催，一个压缩旋转传簇上下行两股能量，这是绝对的慢活慢功夫，打快了身体就不会很好地感觉体会。所以，太极拳套路打得慢是为了习练周身整体的压缩旋转的能量传簇。

用压缩旋转力催三节的过程也是一个阴阳转换的过程，即压缩与旋转互为阴阳，相互转换：

在压缩旋转中，是压缩"压"出旋转的。我们可以这样形象地类比一下：现在孩子们玩的旋转陀螺，是用一个齿轮条拉动陀螺旋转；我们可以将拉动齿轮条的力量视为压缩，即压缩"压"出旋转。

压缩旋转是两个过程，是力催三节的过程。先天一气先生成下行压缩的能量，催动出旋转，旋转再催动下一节的压缩，即压缩与旋转相互转换，压缩生成旋转，旋转再生成下一节的压缩，如此反复循环就是力催三节。

在重心转换过程中，身体先是松沉压缩，在压缩的同时"压"出旋转，这在腰胯部位很明显。习练会以心行气后，压缩旋转就是能量的压缩旋转而不是外形动作的压缩旋转了。

精生成于尾闾压缩和会阴旋转。即先天一气被心神抽合下行到尾闾，尾闾产生压缩，尾闾的压缩"压"出会阴能量的旋转。两腿之间压缩旋转能量的阴阳转换以及上下行能量均由会阴的旋转传簇。

气生成于脚跟压缩，脚跟压缩后驱动脚踝、脚面旋转，就把上下贯通之力拧上行了。

神生成于玉枕压缩，玉枕压缩后驱动能量在百会旋转，生成虚领顶劲。

要让身体每个部分、每个骨节都感觉体会如此的压缩旋转和传簇，快了是不行的，只有慢练出来才知道。

九、踢腿、推手、站桩

(一) 踢腿

太极拳的踢腿比较简单，利用的是上下贯通之力和心神三角区归聚的腰腹折叠的能量。但是，刚开始习练踢腿时，还不会凝神聚气，心神三角区还没有归聚能量，所以只能由外形动作的踢腿一步一步向凝神聚气的能量踢腿过渡。

外形动作的踢腿，身体没有心神抽合先天一气，只能利用身体的压缩旋转踢腿，肌肉还得紧张，否则无法抬腿。踢腿时，想踢的那条腿先压缩旋转，然后另一条腿前迈一步，重心转换将压缩旋转转换到前腿上，后腿利用反向旋转的腰劲把腿踢起。（图22）

图22

会心神抽合后但还没有上下贯通前，像习练重心转换那样让心神向腿伸出"触角"，让心神抽合与踢腿逐渐合拍，尝试用心神抽合腿的压缩旋转。

上下贯通后，要利用上下贯通的能量踢腿。即身体向要踢的腿压缩旋转，利用上下贯通之力的上行能量顺势腰腹折叠、凝神聚气带动腿踢起。凝神聚气后，用心神三角区的能量传簇就能将腿踢起。

用上下贯通、腰腹折叠、凝神聚气的能量踢腿是非常省力的。功夫巨星李小龙为了追求肌肉紧张的极致力量，甚至用电流刺激肌肉，但即便如此，他一口气也只能踢腿 1700 下。我们有些师兄弟能一口气踢腿 2000 下以上，师父一口气能踢腿 7000 下以上！并且师父的腿快如拳头，踢起带风，侧踢能踢掉树皮，还将铁旗杆踢得震颤鸣响。

太极拳踢腿的能量是在体内传簇的，即在体内蓄能加速，所以踢腿的能量极大，并且不需要加速距离，对手挨着就够受的，如拳一样具有贯穿力，踢在人背上能贯穿到前胸。我们师兄弟之间经常相互踢腿试力。

这就是太极功夫，与肌肉紧张发力的区别很明显，甚至让你无法想象。倘若李小龙能明白太极功夫，也许其不用电流刺激身体，能活到现在，依然是功夫巨星。

（二）推手

太极拳是拳，是一种技击术，推手练的就是太极拳的技击应用，推手的习练是贯穿太极拳始终的，是试劲并向实战发展的过程和手段。对推手的要求就是：尽所能够发出的所有的能量与力量推，直到推倒对手。推手时，两个人一定要没有任何规矩地使劲真推，到后期加快发力速度和力量及增加拳、腿的踢打，向实战技击发展。

在初学阶段，依然使用肌肉紧张发力，这时推手习练的是对劲力的熟悉，比如说自身与对手劲力的大小、长短、距离、时机，各种劲力的感觉，各部位发力的感觉，怎么找对手空当，发什么方向的劲会让对手起什么样的反应，自身受力的反应，等等，对自身与外力有一个清楚的认识。这个阶段的推手训练是在为以后自身能量与对手能量阴阳转换合一做准备。

但是这时由于初学者的身体还没有松，所以硬顶时手、腕等关节部位容易扭伤，或者一旦挨着对方的力，就会像一根棍一样连蹦带跳地后退倒地，也容易受伤，还是注意点好。虽然容易受伤，但这是一个了解力量的过程，必须习练。防止受伤的方法就是一旦感觉到不敌就宁可让对方推倒，受力也是一个懂力的过程。将来身体松下来了，就是吞吐不了对方的力，也可以像走路那样向后退步，不会摔倒了。

即便还不会心神抽合压缩旋转发力，长期的力量对抗也会使习练者懂得巧劲，这就是对力有了初步的了解。但这种巧劲可以对付一般人，不能对付有技击功夫的人。对能发出巨大打击力量的对手，巧劲没有什么用处。

在习练重心转换阶段，在对力量有了充分了解的基础上，开始找以自身的重心转换应对对手劲力的机会与感觉，就不要发蛮力了，要发顺随力，即顺随对手劲力转换自身重心虚实，不要与对手劲力硬顶，不要被对手推倒。以虚实接力就是以压缩旋转接受对手力量，与对手力量接触后，受力一侧部位变虚，让对手劲力进来，同时另一侧变实，即开始顺着另一侧的受力方向压缩旋转，身体形成螺旋劲，然后按照对手劲力不断转换身体两侧的压缩旋转，即虚实，就是顺随劲。这种顺随劲只是顺随对手劲力发力，还不是引进落空。这种以虚实转换承接对手劲力习练的是换力，即以压缩旋转替代肌肉紧张承接对手劲力，为以后的引进落空、借力打力做准备。这个阶段的特点是以虚承接对手劲力，不与对手劲力硬顶。（图23~图26）

图23　　　　　　　　　　图24

图 25　　　　　　　　　　　图 26

在学会以心行气、心神抽合后，有了内里的能量传簇，这个时候推手要习练的就是阴阳转换、阴阳合一，即让自身能量与对手劲力相互转换，最终合一。此时，推手开始以下行压缩旋转的能量传簇吞入对手劲力，但还不会吐出，就是只能够引进落空而不会借力打力。即此阶段开始习练以实承接对手劲力，在受力部位顺着对手劲力压缩旋转以引进对手劲力。

上下贯通后，周身整体的压缩旋转已经能够将上下贯通之力传簇到周身，已经能够生成上下贯通之力，但只是身体中轴会发力，四肢两仪还不会发力，但是可以作为引进对手劲力的中介。此时由于身体中轴能量巨大，对手推到我方身体后会感觉到像推一座山一样不可撼动。

待凝神聚气将能量归聚到心神三角区了，这时不用老师教，困扰多时的听劲懂劲似乎在瞬间就明白感悟了，就像经过长期的苦练在瞬间就上下贯通了一样。这就是完全学会了心神抽合压缩旋转的发力方式，不再以肌肉紧张发力。由能量流（精气神）驱动的发力不会硬顶，而是自然顺着对手劲力游走，与对手合一。这时无论对手怎么发力，你都会顺其力而掤，将对手劲力浮起，让对手劲力没有根基，从而达到后发先至，抢占先机先势。这时对手对我方的感觉不是大山了，而是深渊，只要发力就会掉进去，不发力就会被我方紧逼猛打，这就是粘连黏随，太极拳特有的连绵不断的吞吐发力。

太极拳的推手在不同阶段会出现不同的表象，都是由松（即心神抽合压缩旋转的程度）决定的。松分为形松和意松，初级的上下贯通后，身体随着外形的压缩旋转会使腰胯首先松下来，以腰胯为中点向上下部位逐个松开，这时身体的压缩旋转还很松散，对能量的传簧能力很低，这就是形松。形松时，压缩旋转的能量还不足以对抗肌肉紧张发力，所以还不敢完全放开，不敢完全依靠压缩旋转发力，对抗不住了就使用肌肉紧张发力。待到身体将以心行气习练成为条件反射而生成意时，就是意松了，此时身体已经练成会自动处理外力的机器了。

在推手时，初学者总是不敢松，不敢放对手劲力进来，这样是不行的。不管你习练到哪个阶段，推手时必须要放对手劲力进来，即便是被对手推倒也要敢于放对手劲力进来，只有用身体感受到对手劲力，才会真正理解力对于身体的作用，进而才敢于松下来。

由于太极拳在体内传簧能量，发力不需要空间距离，在与对手的接触点上就已经蓄积了能量，所以实战时不用抢先打击对手，而是等到对手的拳脚能量打过来了，就在与对手的接触点上打击对手，这就是太极拳的后发先至、以静制动。太极拳传簧能量的方式永远占据先机先势。

凝神聚气后，以心行气能够归聚能量了，身体能量传簧由上下相随变成内外合一，收发自如，此时的推手就接近于实战了，由推变打，手变成拳互相击打，加上踢腿，习练对拳脚力量的吞吐，习练八劲。

经过以上随着习练太极拳能量传簧的各个步骤的推手实践，就能够对自身与对手的能量传簧有一个清楚的认识，身体对自身与对手的能量传簧有一个条件反射式的自然反应。此时眼中的太极拳与推手已经不再是外形动作，而是能量的流动。

（三）站桩

习练太极拳先从重心转换起，用重心转换找出心神抽合，启动先天一气提引脚下能量，形成太极拳阴阳合一的精气神，所以习练太极拳要靠外形动作"引带"出心神抽合、上下贯通。打套路的目的也一样，靠套路的外形动作"引带"体内心神抽合先天一气，内外相辅相成。习练到一定程度后，太极拳就没有外形动作了，太极拳的功夫就取决于心神抽合的能力。心神抽合的能力越大，提引上来的上下贯通之力越大，所以加强心神抽合的能力就是习练太极拳的关键了。

站桩是专门提高心神抽合能力的习练方法。太极拳的外形动作是为了配合"引带"内里心神抽合的，站桩则是抛弃了外形动作对心神抽合的引带，是在静止的状态下直接用心神抽合先天一气运行。大家不要以为站桩是太极拳的基本功，相反，得太极拳习练到一定程度的心神抽合才能站桩，否则站桩没有用处。（图27）

图 27

形成心神抽合上下贯通之后的站桩才有意义。在表面的平静下，内里只靠心神抽合提引脚下能量在体内纷争游走，刚刚开始习练时，经常会出现疼痛、抽筋、恶心、迷糊，甚至内脏抽搐等现象，要在理顺了精气神的游走通道后才能渐入佳境。

经过站桩对心神抽合的提升，才能达到身体完全由精气神驱动，才能产生心神抽合上下贯通的强大力量。站桩是太极拳功夫达到无形无式的一种表象。站桩不可能习练出心神抽合上下贯通，只能在心神抽合上下贯通后才能习练站桩。

由于站桩的目的是单纯地习练心神抽合，所以内里的心神抽合是最重要的，外形动作一点也不重要，站着就行，也可以做出一些动作配合心神抽合。比如浑元桩，自然站立胳膊抱圆于前胸就行。站桩为双重，心神抽合压缩旋转只能在一条腿上进行，将上下贯通之力抽合至百会再顺任脉回转，再用心神抽合将压缩旋转向另一条腿上转换。站桩习练好了，身体在外表的静止下内里却运行着能量，就达到了太极拳无形无式的功夫。

在没有心神抽合时站桩，其目的有两个：一是习练腿部的肌肉，二是追求没有压缩旋转的松。太极拳不靠肌肉紧张发力，所以第一个目的落空；松的实质是一种发力方式，如果只是强调无谓的"松"而不能压缩旋转发力，则是懈，不是松，所以第二个目的的结果只能是懈。没有心神抽合，身体还是静止的，就不能向地面施加能量，就不能获得地面的反作用力，静止的体重和地面的反作用力无法形成压缩旋转，就不能上下贯通，就没有能量在周身的运行，就没有任何作用。

在没有以心行气的状态下长期地站桩，可以感觉到脚下有能量向上顶到头顶，但这只是一种感觉，不是真正的能量，假如此时用推手验证自己的功夫，由于没有能量传簇，推手时还是紧的，还需要肌肉紧张发力。

太极拳无论从健身或是技击的角度来说，需要的都是内里上下行的能量传簇，即习练太极拳习练的就是能量传簇，如果达不到能量传簇的目的，就没有习练意义。

不要因为前辈大师强调站桩，就开始在不明就里的情况下无谓地傻站。前辈大师的站桩是与我们想象中的站桩不一样的，是与没有能量传簇的站桩完全不一样的！

十、太极五行

太极五行是指劈崩钻炮横五种拳法，是太极拳的实战功夫，用以直接打击对手。劈拳习练的是向下方的劈劲；崩拳习练的是向正前方的崩劲；钻拳习练的是向上的钻劲；炮拳习练的是挡发结合的穿崩劲；横拳习练的是左右侧向捌劲。

劈崩钻炮横与金木水火土对应。金，筋骨含力，斩金截铁之势；木，曲折攀延，树木支撑之势；水，无孔不入，龙蛇汪洋之势；火，如火烧身，惊乍爆裂之势；土，阔大沉实，天地合一之势。劲力应该具备这五种属性。

初级的太极五行可以与走桩、打套路同时习练。初级的太极五行因为是五种动作的简单重复，身体容易对能量产生感觉和体会，所以更容易习练出以心行气、压缩旋转。高层次的太极五行是五种劲力，使用起来也是无形无势的。

太极五行同样以心神抽合压缩旋转、上下贯通发力，同样需要吞沉旋合四个阶段，同样以引进落空、借力打力为技击手段，但是速度快、力量猛，是不管对手如何我都要直接打击对手的功夫，是可与任何技击术对抗的太极拳实战功夫。

太极拳每个套路动作都可以拿出来作为单式按照五行的方法习练。太极拳不能只是推手，推手只是在习练中对所学功夫的验证手段，而不是实战方法，实战中必须要靠打。前辈大师说太极拳应者立仆，不是靠推手，而是靠五行的打，即五行的引进落空、借力打力，以借来的对手之力打出去打击对手，而不只是推对手。

太极拳套路是太极拳的习练版本，五行是太极拳的技击版本。但无论哪个版本，习练的都是一种劲力与引进落空、借力打力的技击方法，太极功夫是无形无式的，习练会了方法就可以随便用引进落空、借力打力的方法打，而不必拘泥于固定的技击架势与动作。

（一）太极五形与形意

太极五行表面动作与形意拳接近，因为用以心行气、压缩旋转的发力方式向不同方向打拳，就只能按照形意拳的动作打。形意拳的五行拳动作是以心行气向各方向发力的最简单、有力、直接的技击动作，是前辈大师探索的结晶。形意拳的发力方式与太极拳一样，均使用以心行气、压缩旋转的发力及能量传簧方式。形意拳甚至直接用心意抽合的心意命名，即心意六合拳，所以都叫内家拳，并且是最相接近的内家拳术。形意拳与太极拳唯一的不同，就是形意拳的心意抽合发出的劲力是断的，一蓄一发一抽合，用周身整体压缩旋转蓄力，蓄完就发，发了再蓄。而太极拳将心意抽合加入阴阳转换变成心神抽合，就能够发出连绵不绝的劲力。在技击方面，形意拳习练到通的程度，能够双向传簧能量的技击功夫叫化劲，太极拳叫引进落空、借力打力。

　　形意拳是内家拳的始祖，对于武术来说具有划时代的意义。形意拳改变了肌肉紧张这个人体正常的发力方式，创造了以心行气、压缩旋转的发力方式，能够发出比肌肉紧张更加强大的能量。以心行气、压缩旋转的能量传簧方式能够双向传簧能量，所以形意拳改变了传统的对手之间硬顶的技击方式，将身体对能量的传簧方式发展成为一种全新的技击方式，即化劲，利用向自身体内反向传簧对手能量的方式吞化对手的劲力。

　　形意拳的许多理论及实践被太极拳继承下来，比如力催三节、内外三合、上下贯通、以心行气、拳由心发、五行等。我在遇到师父之前习练形意拳，因此对形意拳怀有极深的感情，借此介绍太极五行的机会多说一点形意拳，也算是为形意拳的传承做点贡献。实际上形意太极不分家，习练其中一种拳的，往往还习练另一种拳。前辈孙禄堂先生甚至将太极与形意融合而创造了孙式太极拳，可见形意与太极的渊源之深！

　　太极五行与形意的五行拳不同的地方就在于太极五行加入了阴阳转换，所以除了传承形意拳的技击方式以外，还能够发出连绵不绝的劲力，没有力断的时候。

（二）人体三节

　　人体分三节，腿为根节，身为中节，头为梢节。这是就整个人体的分节，叫大三节。大三节还可分为小三节，即：下盘的胯根节、腿中节、脚梢节；中盘的腰根节、胸中节、头梢节；上盘的肩膀根节、肘中节、手梢节。小三节中，还可以细分为微三节，即只要有关节或骨节并且能够活动的部位，都可分三节，但这样的三节只有习练到高级层次才能感觉到，平时我们主要习练大小三节就足够了。

　　从大三节来说，劲力发于根节，集于中节，发于梢节，三节相互以压缩旋转催促发力，即力催三节。力催三节要上下、正反都催，这样才能够习练出双向传簧能量的通的功夫。发于根节，即压缩旋转蓄积的能量下行到脚下提引上下贯通之力；集于中节，即上下贯通的能量在腰腹心胸集存；发于梢节，即从拳脚发出。在大三节中，压缩旋转、腰腹折叠、心胸开合对能量的蓄积和心神抽合驱动能量的运行均生于中节，因此中节是我们习练的重点。中节是身体其他部分的"根节"，是周身能量控制的中心，无论是压缩旋转产生下行能量经腿到脚，心神抽合提引上行能量从脚到头、手，还是心神抽合驱动能量混元运行，均以中节为中枢。换句话说，太极拳练的就是中节的心神抽合压缩旋转和腰腹折叠、心胸开合。

根节催中节，中节催梢节的能量传簇，依然是用压缩旋转催动的，而压缩旋转是由以心行气驱动的，不是用肌肉紧张催动的。

太极五行习练的就是心神抽合中节快速压缩旋转，产生腰腹折叠、心胸开合的变形以蓄积能量，再猛烈地打出。太极五行的五种拳法其实就是太极拳向各个方向发力的单式。

打五行拳时，要求内外三合，外三合是肩与胯合、肘与膝合、手与脚合，合是指心神一动，肩胯肘膝手脚同时动。内三合是心与意合、意与气合、气与力合，即心神抽合与拳意相合、拳意与能量相合、能量与劲力相合。外三合要求身体整体运动，一动无有不动；内三合要求以心神抽合统领能量和劲力。

一身二肘三手为上体的三节，一腰胯二腿膝三脚脖为下体的三节，此为上下外三节。要想运用好外三节，必须由内三节带动。内三节的心、意、气、力和自身精气神相合，以心为轴由里往外节节贯通，威力才能发挥出来。

太极五行因为是单式，并且心神抽合压缩旋转的蓄发速度快，一蓄一发一抽合一转换，所以能比套路更快地习练心神抽合。

太极五行与形意五行拳不一样的地方在于，太极五行中有阴阳转换，因此劲力是连续的。这就要求身体一侧压缩旋转蓄力后，以将压缩旋转向另一条腿的转换打出劲力，即一侧打出拳后即在另一侧蓄积能量，所以太极五行的劲力虽然可以很猛烈地发出，但还保持了劲力的连绵不断，这就使得太极五行可以连续出拳。

以心行气统领周身能量运行，内里能量运行驱动外形动作，所以外三合是由内三合决定的，外三合不过是内三合的表现形式，所以着重介绍一下内三合。

(三) 内三合

以心行气要求用心神抽合控制周身能量，无论是下行压缩旋转能量的产生，还是上行上下贯通之力的传簇，最后都集中在百会，即百会是能量的发起者与终结者。百会的能量传簇被前辈大师称为神，神主力，力由神起，这就是内家拳所谓的神领，神领力。心抽合先天一气到百会，百会、玉枕开始压缩旋转并向脊柱三关催促，一直压缩旋转到脚，即心生意、心生神。此为内三合的第一合，心与意合。心与意合就是使用先天一气生成周身整体压缩旋转的发力过程的开始，即心意或心神抽合将先天一气阴阳转换为压缩旋转的下行能量。压缩旋转下行能量到脚，脚获得上下贯通之力，为气。气为周身根节能量，是内家拳所追求的技击能量，异常巨大。此时意抽合先天一气生成的压缩旋转下行能量就被阴阳转换成巨大的上下贯通之力的气，此为意与气合。气被从脚开始的压缩旋转逐节催到百会，身体骨骼被压缩旋转的下行能量与上下贯通的上行能量对拉拔长，生成骨涨劲。骨涨劲从体内发出即为力，此为气与力合。

内三合就是一个完整的发力及能量传簇过程。即心生意、意生气、气生力。这个相生的过程是一个阴阳转换的过程，当把阴阳转换习练到阴阳合一后，就可以将这个过程合一，心直接生力，就是陈长兴先生说的拳由心发。需要注意的是，心与意不是大脑意识，而是身体习练出来的状态与能量。

习练出内三合后，体内产生能量传簇，能量被周身整体的压缩旋转逐节传簇，就驱动出外形动作，以能量传簇驱动出来的外形动作就自然按照能量传簇顺序逐节而动，就自然形成外三合了。

(四) 劈崩钻炮横拳

习练太极五行同样要先以重心转换练；习练出以心行气后，要用以心行气练；习练出上下贯通后，要练精化气，练气化神，凝神聚气，练神还虚。

1. 劈拳

以心为轴，上下贯通，出拳如斧，前引后蓄再发合成一体，舌顶上腭，头顶旋，足入地，形成两夺对拉之势。要求出手似锉刀，回手如挠钩，处处有折叠，处处有螺旋。

劈拳的习练分为初、中、高三个层次。

初级层次

要领：初级层次主要打形体动作，即明劲。明劲要求外三合，即肩与胯合，肘与膝合，手与脚合；还要有三法，即手法与眼法结合，眼法与步法结合。要打出拳如斧的劈砸劲，要一吞二沉三旋四合，打出周身整体的压缩旋转，出手要有力。以腿为轴，力从足发，上下结合，动作顺畅，虚实分明，打出三节劲。

动作：自然站立，松腰坐胯，两手两腿以腰为轴，两手从下往上在胸前合抱，与两腿相对称，左侧开始压缩旋转（向身体外侧旋转）蓄势将右腿抽起后撤半步，左手顺势划半弧先下压再上提，和右手相交于胸前呈对拉之势，再将压缩旋转转换到身体右侧（向身体内侧旋转）蓄势，压缩旋转到极致后双手对拉，将右手下压于丹田，左手顺势打出，成左侧三体式，重心前三后七。（图28~图32）

图28　　　　　　　　　图29

第二章 传统太极拳技击的习练方法

图 30

图 31

图 32

　　成三体式后，开始打拳，右腿（后腿）向身体内侧压缩旋转蓄势，将左手左腿（前腿）抽起再向前挤压一步，右掌右腿顺势打出右劈拳形成右三体式；然后左腿（后腿）压缩旋转（向内侧旋转）蓄势将右手右腿（前腿）抽起，向前垫压一步，左手左腿顺势打出左劈拳形成左三体式，如此反复。（图33~图39）

　　左右劈拳走直线循环打，打到场地尽头转身时，右腿向身体外侧压缩旋转蓄势，身形向右旋转180°后，左腿向身体内侧压缩旋转蓄势，将右手右脚挤压向前，左掌蓄势打出左劈拳形成左三体式，然后接着继续打。如此反复习练，由初级可进入中级层次。

73

传统太极拳技击的原理、习练方法及应用

图 33 　　　　　　　　　图 34

图 35 　　　　　　　　　图 36

图 37 　　　　　　　　　图 38

图 39

中级层次

要领：中级层次主要打内力，即暗劲。暗劲要有内三合，即心与意合，意与气合，气与力合。动作要一吞二沉三旋四合，打出周身整体压缩旋转，上下贯通，动作发力由里向外打出后撑劲。上下以命门为轴，上行能量从命门经夹脊到玉枕通过舌顶上腭到百会，形成一个小气圈（能量传簇圈）；下行能量从命门经尾闾到涌泉，涌泉开合能使足跟到脚趾生成压缩旋转，使上下督脉贯通，从体内发出的能量能将对手打透或仰面劈倒。出手要有松沉劲，重点以松腰坐胯、吞沉旋合、压缩旋转、上下贯通为主，以腰腹带脉为轴生成胸腹折叠开合，腹实体松，发劲如斧，形成排山倒海之势，动作松整、顺畅。

动作：起势同前，成左三体式。然后右腿（后腿）蓄势抽合出压缩旋转（向内侧旋转），生成腰腹折叠；将左手、左腿（前腿）挤压出去，上下有上下贯通之力，左右有支撑八方之势；左腿落地后在身体左侧旋腰坐胯蓄势抽合出压缩旋转（向内侧旋转），将右腿抽起，向前垫压一步，右手右腿顺势打出右劈拳形成右三体式；然后，左腿（后腿）下沉蓄势抽合压缩旋转，将右手右腿抽起向前垫压一步顺势打出左劈拳，形成左三体式，由腰腹折叠发力，上下有上下贯通之力，左右有支撑八方之势，打出整劲。左右劈拳走直线循环打，打到场地尽头转身时，右腿（后腿）蓄势抽合出压缩旋转，向右旋转180°；然后，身体左侧下沉蓄势抽合出压缩旋转，将右手、右腿（前腿）挤压出去，右腿落地后蓄势抽合出压缩旋转（向内侧旋转），挤压左手左腿打出左劈拳，形成左三体式；然后再循环向前打，逐渐练出身体阴阳开合体。通过反复练习可进入高级层次。

高级层次

要领：高级层次以心神为轴打化劲，拳由心发，要一吞二沉三旋四合，不注重形体动作，心神一动无有不动，通过五行能量传簇，阴阳结合，节节贯通使自身的心神、意、气、力凝聚运行，结合成混元一体。能量传簇皆出于心，即以心领神，以神带意，以意领气，以气催力，使真气鼓荡，遍布全身，打出阴阳开合螺旋混元力，无人能克，无坚不摧。长期修炼使自身心肾交合，能量川流不息。

动作：心神一动，使自身精气神能量凝聚运行，身手合一，打出化、蓄、发的穿透力，内外相连混元一体，心领神动，就可以将人打出几米，也可以将能量贯穿人体，将人体钉在原地不动。自身的能量发中有蓄，蓄中有发，形成阴阳开合体。

2. 崩拳

以心为轴，上下贯通，舌顶上腭，回手如弓，出手似箭。崩拳有五种打法，分别为：齐步崩拳、半步崩拳、上步崩拳、退步崩拳和连环崩拳。本书介绍半步崩拳。要求前引后蓄再发，抽合出压缩旋转螺旋折叠，形成蓄势待发之劲。

崩拳的习练分为初、中、高三个层次。

初级层次

要领：要一吞二沉三旋四合。初级层次主要打形体劲力，即明劲。要求外有三合，即肩与胯合，肘与膝合，手与脚合；还要有三法，即手法与眼法结合，眼法与步法结合。打出回手如拉弓，出手似放箭的贯穿劲。以腿为支撑点，力从足发，上下结合，动作顺畅。虚实分明，周身整体压缩旋转，打出三节劲。

动作：起势同前，成左三体式，左手在前右手在后。然后，右腿（后腿）蓄势下沉生成压缩旋转（向外侧旋转），将左腿（前腿）抽起虚实转换挤压出一步，同时右拳顺势发出，左拳回腰间，右腿（后腿）跟半步成半步崩拳状；右腿再生成压缩旋转蓄力（向内侧旋转），左腿前垫一步，左手顺势打出，右手回腰间，右腿跟垫半步，成半步崩拳；如此循环打出左右拳。（图40~图43）左右崩拳走直线循环打，打到场地尽头转身时，右腿压缩旋转蓄势身体右转180°，然后左腿压缩旋转蓄势，将右手右腿抽起顺势向上打出形成狸猫上树，再顺势下沉形成狸猫扑鼠。左手在前，右手在后；右腿（后腿）压缩旋转蓄势（向外侧旋转）将左腿抽起前垫一步，右拳顺势打出，左手回腰间，右腿（后腿）跟垫半步，再右腿蓄势将左腿抽起向前垫半步顺势打出左崩拳；如此反复习练，由初级可进入中级层次。

图 40

图 41

图 42

图 43

以上为右腿压缩旋转蓄力的半步崩，左腿半步崩同右腿一样，只不过左右动作方向相反。右腿为后蓄力腿时，身体向外侧压缩旋转打出右拳，向内侧压缩旋转打出左拳；左腿为后蓄力腿时，身体向外侧压缩旋转打出左拳，向内侧压缩旋转打出右拳。

中级层次

要领：要一吞二沉三旋四合。中级层次主要打内力，周身整体压缩旋转、上下贯通，即暗劲。暗劲要有内三合，即心与意合，意与气合，气与力合。动作发力由里向外打出后撑劲，能量传簇以命门为轴，上行能量由命门经夹脊到玉枕通过舌顶上腭到百会，形成一个能量传簇圈。下行能量由命门经尾闾到涌泉，涌泉开合能使足跟到脚趾生成压缩旋转，使上下督脉贯通，随势发出能将对手穿透或打倒打飞。重点以松腰坐胯、吞沉旋合为主，以腰腹带脉为轴生成胸腹折叠、心胸开合。出手要有松沉劲，蓄劲如拉弓，发劲如放箭，动作松整，顺畅。

动作：起势同前，成左三体式；然后，左手在前右手在后，右腿（后腿）抽合压缩旋转蓄势下沉（向外侧旋转），将左腿抽起虚实转换挤压出一步，同时右拳顺势发出，左拳回腰间，右腿（后腿）跟半步成半步崩拳状；由腹内发力，通过旋腰坐胯压缩旋转，使双拳呈现左击右收、右击左收之势，形成阴阳虚实，打出旋转力，体现出整劲；再右腿蓄势抽合压缩旋转（向内侧旋转），将左腿抽起前垫一步，左手顺势打出，右手回腰间，右腿跟垫半步，成半步崩拳；如此反复循环在右腿抽合压缩旋转蓄力分别打出左右拳。左右崩拳走直线循环打，打到场地尽头转身时，右腿蓄势抽合压缩旋转身体右转180°，然后左腿蓄势抽合压缩旋转，将右手右腿抽起顺势向上打出形成狸猫上树，顺势下沉形成狸猫扑鼠，左手在前右手在后；右腿抽合压缩旋转（向外侧旋转）蓄势将左腿抽起前垫一步右拳顺势打出，左手回腰间，右腿跟垫半步，再循环打。如此反复习练，可进入高级层次。

高级层次

要领：要一吞二沉三旋四合。以心神为轴，不注重形体动作，心神一动无有不动，通过五行能量传簇，阴阳结合，节节贯通使自身的心神、意、气、力凝聚运行，心神、意、气、力结合成混元一体皆出于心，即以心领神，以神带意，以意领气，以气催力，使自身真气鼓荡，遍布全身，无人能克，无坚不摧。

动作：心神一动，使自身精气神能量凝聚运行，身手合一，打出化、蓄、发的穿透力，内外相连混元一体，即心领神动，可将人打出，也可以将人穿透原地不动。自身的能量发中有蓄，蓄中有发。出手要灵透，打出灵化劲，身体就是一张由上下行能量两夺对拉形成的弓，拳就是箭。

3. 钻拳

以心为轴，上下贯通，前引后蓄再发，舌顶上腭，头顶旋，足入地，形成两夺对称之势，出拳如电。要求前引后蓄，抽合出压缩旋转螺旋折叠蓄势待发之劲。

钻拳的习练分为初、中、高三个层次。

初级层次

要领：要一吞二沉三旋四合，周身整体压缩旋转。初级层次主要打形体劲力，即明劲。明劲要有外三合，即肩与胯合，肘与膝合，手与脚合；还要有三法，即手法与眼法结合，眼法与步法结合。出手如电，以腿为轴，力从足发，上下结合，动作顺畅。虚实分明，打出三节劲。

动作：起势同前，成左三体式，左手在前右手在后。右腿（后腿）压缩旋转（向内侧旋转）蓄势将左腿抽起向前垫半步，将压缩旋转转换至左腿（前腿）蓄势，将右腿向前抽起上一步（变前腿），同时左手握拳，手臂微屈于胸前，右拳由下上行沿左手臂向上划出小圆后回收于腰际，在右腿落地的同时蓄势呈45°向上打出，左手变掌沿右拳向下拨盖，左腿（后腿）随之向前跟半步，双手呈对拉之势；然后，再左腿（后腿）蓄势抽起右腿（前腿）向前半步生成压缩旋转（向内侧旋转），向前抽起左腿上一步，右手握拳，手臂微屈于胸前，左拳由下上行沿右手臂向上划出小圆后回收于腰际，在左腿落地的同时蓄势呈

45°角向上打出，同时右手变掌沿左拳向下拨盖，右腿随之向前跟半步，如此反复循环打拳。（图44~图47）

左右钻拳走直线循环打，打到场地尽头转身时，右腿压缩旋转蓄势，身体右转180°，阴阳转换到左腿（后腿）压缩旋转（向内侧旋转）蓄势将右腿垫压出半步，双手随势打出右钻拳，再左腿压缩旋转蓄势将右腿抽起垫压半步，阴阳转换到右腿压缩旋转蓄势将左腿抽起前垫一步，双手随势打出左钻拳。经此反复习练，可进入中级层次。

图44 　　　　　　　　图45

图46 　　　　　　　　图47

中级层次

要领：要一吞二沉三旋四合，抽合出周身整体压缩旋转，上下贯通。中级层次主要打内力，即暗劲。暗劲要有内三合，即心与意合，意与气合，气与力合。动作发力由里向外打出后撑劲，上下贯通，能量由命门到夹脊再传簇到劳宫，劳宫开合向食指传簇，两手劳宫穴如握两个气球随心蓄势发出，能将对方打倒或打出几米。重点以松腰坐胯、吞沉旋合为主，以腰腹带脉为轴生成胸腹折叠、心胸开合，出手要有松沉劲，动作要松整、顺畅。

动作：起势同前，成左三体式，左手前右手后。右腿（后腿）抽合压缩旋转（向内侧旋转）蓄势将左腿抽起向前垫半步，将压缩旋转转换至左腿（前腿）蓄势，将右腿向前抽起上一步（变前腿），同时左手握拳，手臂微屈于胸前，右拳由下上行沿左手臂向上划出小圆后回收于腰际，在右腿落地的同时蓄势呈45°向上打出，左手变掌沿右拳向下拨盖，左腿（后腿）随之向前跟半步，双手呈对拉之势；由腹内通过吞沉旋合松腰坐胯蓄发结合而发出上下贯通之力；然后，右腿向前半步抽合出压缩旋转蓄力，右手握拳，手臂微屈于胸前，左拳由下上行沿右手臂向上划出小圆后回收于腰际，蓄势呈45°角向上打出，同时右手变掌沿左拳向下拨盖，右腿随之向前跟半步，如此循环打拳。左右钻拳走直线循环打，打到场地尽头转身时，右腿蓄势身体右转180°手脚随势阴阳转换，左腿抽合压缩旋转蓄势将右腿抽起向前垫半步，右手顺势打出右钻拳，再继续循环打拳。通过吞沉旋合松腰坐胯蓄发结合，使双拳呈现上打下压之势，形成阴阳虚实分明，打出旋转混元力，体现出整劲。通过反复练习可进入高级层次。

高级层次

要领：要一吞二沉三旋四合。高级层次以心神为轴，不注重形体动作，心神一动无有不动，通过五行能量传簇，阴阳结合，节节贯通使自身的心神、意、气、力凝聚运行。心神、意、气、力结合成混元一体皆出于心，即以心领神，以神带意，以意领气，以气催力，使自身真气鼓荡，遍布全身，心肾交合，阴阳结合。

动作：心神一动，天地人合一，能量充满全身，使自身精气神能量凝聚运行，能量发中有蓄，蓄中有发，打出化、蓄、发的穿透力。通过内外相连混元一体，达到既可以心领神动伤人，也可以打出将人钉在原地不动的穿透力。要求出手灵透，形成螺旋贯通体。

4. 炮拳

以心为轴，压缩旋转，上下贯通，前引后蓄再发，舌顶上腭，头顶旋，足入地，形成两夺对称之势。出拳似炮，抽合出螺旋折叠蓄势待发之劲。

炮拳的习练分为初、中、高三个层次。

初级层次

要领：初级层次主要打形体劲力，即明劲。明劲要有外三合，即肩与胯合，肘与膝合，手与脚合。还要有三法，即手法与眼法结合，眼法与步法结合。出拳如炮，出手有力，以腿为轴，力从足发，上下结合，动作顺畅，虚实分明，打出三节劲。

动作：起势同前，成左三体式，左手在前右手在后。右腿（后腿）蓄势，将左腿向前垫半步，双手握拳回收于左腰际，阴阳转换，压缩旋转转换到左腿（向外侧旋转）蓄势，将右腿抽起向前上一步，右拳从胸前向右上方呈拨挡之势发出，左拳旋腰坐胯压缩旋转蓄势向前打出，左腿跟进半步；然后，左腿蓄势将右腿向前垫半步，双手握拳回收于右腰际，阴阳转换，右腿压缩旋转（向外侧旋转）蓄势将左腿抽起向前上一步，左拳从胸前向左上方呈拨挡之势打出，右拳旋腰坐胯压缩旋转蓄势向前打出，右腿跟进半步，如此反复打拳。（图48~图51）左右炮拳走直线循环打，打到场地尽头转身时，右腿压缩旋转蓄势右转180°，将压缩旋转阴阳转换到左腿蓄势将右腿抽起前垫半步，顺势打出左炮拳，再继续左右打拳。练习过程中，要求拳从心发出，要手腿协调，全身上下和谐，打出顺劲。经此反复练习可进入中级层次。

图 48　　　　　　　　图 49

图 50　　　　　　　　图 51

中级层次

要领：中级层次主要打内力，即暗劲。暗劲要有内三合，即心与意合，意与气合，气与力合。动作发力由里向外打出后撑劲，能量引蓄从后命门到尾闾经会阴上提至中丹田，使腰胯形成一个大能量传簇圈，从命门到夹脊，把双手抽回合抱，使肩肘形成一个大能量传簇圈，随心蓄势将两个气圈合成一个立体能量传簇圈顺势打出，能将对手打飞打透。重点以松腰坐胯、吞沉旋合、上下贯通为主，以腰腹带脉为轴，生成胸腹折叠、心胸开合，出手要有松沉劲，蓄劲如上弹，发劲似放炮，动作要求松整、顺畅。

动作：起势同前，成左三体式，左手在前右手在后。右腿蓄势，将左腿向前垫半步，双手握拳回收于左腰际，将压缩旋转阴阳转换到左腿蓄势（向外侧旋转），将右脚抽起向前上一步，右拳从胸前向右上方呈拨挡之势打出，左拳旋腰坐胯蓄势向前打出，左腿跟进半步；由腹内发力，心神一动，先天一气就贴背入骨髓，形成支撑八方之势，通过旋腰坐胯，使双拳呈现上挡架打之势，形成阴阳虚实，打出旋转混元力；然后，左腿蓄势将右腿向前垫半步，双手握拳回收于右腰际，将压缩旋转阴阳转换于右腿蓄势（向外侧旋转），将左腿抽起向前上一步，左拳从胸前向左上方呈拨挡之势打出，右拳旋腰坐胯蓄势向前打出，右腿跟进半步，如此反复打拳。左右炮拳走直线循环打，打到场地尽头转身时，右侧蓄势抽合压缩旋转身体右转180°，阴阳转换到左腿压缩旋转蓄势将右腿抽起前垫半步，顺势打出左炮拳，再继续打拳。炮拳的心神抽合压缩旋转蓄发体现得最明显，要求最高，是五行中最不好习练的，得要等到其他拳都出功夫后才能够打出炮劲。炮劲能横能捯、能直能曲、能挡能打，是五行劲力的综合体现，通过反复练习可进入高级层次。

高级层次

要领：高级层次以心神为轴，不注重形体动作，心神一动无有不动，通过五行能量传簇，阴阳结合，节节贯通使自身的心神、意、气、力凝聚运行。心神、意、气、力结合成混元一体皆出于心，即以心领神，以神带意，以意领气，以气催力，达到周身经络畅通，各部位能量相互传簇，使自身真气鼓荡，遍布全身，心心相通，无人能克，无坚不摧。

动作：心神一动无有不动，要一吞二沉三旋四合，天地人合一，气遍全身，使自身精气神能量凝聚运行，要发中有蓄，蓄中有发，打出化、蓄、发的穿透力。内外相连混元一体，容纳乾坤，相机而变，直捣对手要害，能够轻易将对手打伤。炮拳出手要灵透，周身形成螺旋混元无形体。

5. 横拳

以心为轴，压缩旋转，上下贯通，前引后蓄再发，舌顶上腭，头顶旋，足入地，形成两夺对称之势，出拳似弹。要求前引后蓄再发合成一体，抽合出螺旋折叠蓄势待发之劲。

横拳的习练分为初、中、高三个层次。

初级层次

要领：初级层次主要打形体劲力，即明劲。明劲要有外三合，即肩与胯合，肘与膝合，手与脚合；还要有三法，即手法与眼法结合，眼法与步法结合。出拳如弹，动作要规范。以腿为轴，力从足发，上下结合，动作顺畅，虚实分明，打出三节劲。

动作：起势同前，成左三体式，左手在前右手在后。右腿（后腿）压缩旋转蓄势（向外侧旋转），将左腿抽起向前垫半步，压缩旋转转换至左腿，同时双手阴阳交错，右手顺势向前打出，拳心向上，右后腿自然弯曲跟进半步；然后，右腿蓄势，将左腿抽起向前垫半步，阴阳转换压缩旋转旋腰坐胯于左腿蓄势，将右腿抽起向右前上一步，双手阴阳交错左拳蓄势打出，拳心向上，如此反复打出左右横拳。（图52~图55）

图 52　　　　　　图 53

图 54   图 55

左右横拳走直线循环打，打到场地尽头转身时，右侧蓄势旋转180°转身，将压缩旋转转换到左腿蓄势（向外侧旋转），将右腿抽起前垫半步，双手阴阳交错左拳蓄势打出，拳心向上，然后再继续打拳。练习过程中，要求拳由心发，旋腰坐胯，以腰腹折叠打出横劲，打拳时有横不见横，对手粘上就被横向捌出。要手腿协调，全身上下和谐，打出顺劲。经此反复练习可进入中级层次。

中级层次

要领：中级层次主要打内力，即暗劲。暗劲要有内三合，即心与意合，意与气合，气与力合。动作发力由里向外打出后撑劲，能量传簧由心神右侧和命门左侧（或心神左侧和命门右侧）形成对拉，上下贯通，能量聚集于带脉，形成一个横向能量传簧圈，随心蓄势发出能将对手捌出打倒或穿透。重点以松腰坐胯、吞沉旋合为主。以腰腹带脉为轴，胸腹要有折叠开合，出手要有松沉劲，蓄劲弹上膛，发劲弹射出。动作要求松整、顺畅。

动作：起势同前，成左三体式，左手在前右手在后。右腿抽合压缩旋转（向外侧旋转）蓄势，将左腿抽起向前垫半步，压缩旋转转换至左腿，同时双手阴阳交错，右手顺势向前打出，拳心向上，右后腿自然弯曲跟进半步，由腹内发力，通过旋腰坐胯，使双拳呈现左击右收、右击左收之势，形成阴阳虚实，打出旋转混元力，体现出整体横劲；然后右侧蓄势，将左腿抽起向前垫半步，阴阳转换旋腰坐胯，左腿抽合压缩旋转（向外腿旋转）蓄势，将右腿抽起向右前方上一步，双手阴阳交错左拳蓄势打出，拳心向上，如此反复打拳。左右横拳走直线循环打，打到场地尽头转身时，右腿蓄势旋转180°，抽合压缩旋转转换到左腿蓄势（向外侧旋转），将右腿抽起前垫半步，双手阴阳交错左拳蓄势打出，拳心向上，再继续打拳。横拳要形成拧裹穿透劲力，经此反复习练可进入高级层次。

高级层次

要领：高级层次以心神为轴，不注重形体动作，心神一动无有不动，通过五行能量传簇，阴阳结合，节节贯通使自身的心神、意、气、力凝聚运行，要一吞二沉三旋四合。心神、意、气、力结合成混元一体皆出于心，即以心领神，以神带意，以意领气，以气催力，周身经络畅通，五脏六腑间能量相互传簇，使自身真气鼓荡，遍布全身。

动作：心神一动无有不动，天地人合一，气遍全身，使自身的真气和元气合二为一，形成自身阴阳。精气神凝聚运行，自身的能量发中有蓄，蓄中有发，打出化、蓄、发的穿透力。内外相连混元一体，大而无外，小而无内，周身与宇宙一体，天地人合一。

以上为五种劲力在五个方向的打法。太极拳习练到高级层次就要习练实战技击，就要将所有套路动作均分解成这五种劲力来习练。五种劲力同样是蓄发合一、化打合一的，即以压缩旋转引进落空，以上下贯通借力打力，要习练到每一个动作引进落空、借力打力，实现应者立仆！

十一、习练太极拳各阶段的身体反应

在习练太极拳时，由于能量在体内传簇，能量传簇到哪个部位，哪个部位就会产生一些反应，这些反应主要表现为疼痛、痒、麻、酸、胀、抽搐、抽筋、恶心、唾液增多、耳鸣、排泄物变稀等。出现这些反应时不要慌张，是正常的身体反应。出现这些反应就说明出现反应的部位还没通，继续坚持练下去，把这个部位练通了，反应就会没有了，随后就会感觉到功力又增强了。

重心转换阶段，用重心转换打套路、走桩，身体的压缩旋转在持续产生下行能量作用于地面，脚踝和膝关节、腰胯节会酸胀，此为身体还没有"通"所导致。大小腿的肌肉有时会抽搐。

出现心神抽合之前，身体会感觉到心脏部位与压缩旋转慢慢合拍，心脏部位会感觉到闷、憋、堵。当心脏部位与压缩旋转彻底合拍后，身体就能用心脏部位抽合能量于压缩旋转了，这时身体就是学会了以心行气，即心神抽合。练会心神抽合后，心脏部位转而感觉到异常敞亮，好像心被打开，太阳光都能照进来。

练会了心神抽合，这时的压缩旋转能够产生巨大的下行能量作用于地面。心神抽合剧烈时，似乎能把肩、胸的骨头都抽合向心神塌陷，这些部位的骨头和肌肉就会产生酸胀痛感。腰胯、膝盖、脚踝部位的关节也会酸胀。腰、胯、腿、脊柱、关节有时会因为巨大的能量经过而发出响声。

身体对上下贯通的感觉是身体突然沉入地下，感觉到地下返上来的能量。由于这时腰胯腿脚已经通了，所以这些部位的酸胀都会消失。由于心神直接抽合到涌泉，会出现涌泉上吸的感觉。由于上下贯通的能量积存于尾闾、命门一带，会感觉命门以下如桶一般。

练精化气阶段，心神抽合能量后贴命门，将上下贯通的能量顺尾闾、会阴向丹田翻转，在丹田、带脉一带形成能量球，这个能量球能打通带脉，带脉一圈奇痒，丹田鼓胀。尾闾、会阴之间会出现跳动和麻。

能量从尾闾向丹田的翻转形成了腰腹折叠，同时上拉脊柱，使脊柱产生压缩旋转。腰腹折叠能让五脏六腑产生抽搐、恶心，同时感觉到五脏六腑都能发力。上拉脊柱能感觉到夹脊一带一尺左右长短的地方疼痛，命门有时会剧痛，脖子酸痛。尾闾、会阴在能量翻转过程中会产生精气圈，出现精气圈后，性功能加强，肾脏功能加强。精气圈在心神抽合下产生的下行能量异常巨大，不断作用于脚，使得脚跟产生压缩，脚踝、脚面产生旋转，这时身体就产生了弹簧劲。而脚跟、脚踝、脚面的压缩旋转就形成弹簧气圈，由精气圈下行生成弹簧气圈的过程就叫练精化气。

脚的压缩旋转产生的弹簧劲是身体根节上下贯通的总能量，将来要把这个能量传簇到头顶，形成虚领顶劲，虚领顶劲叫神，神是身体上下贯通之力传簇到百会时产生的一种感觉，此时涌泉与百会有了直接的能量传簇，有了神的感觉就能够随意控制上下行能量传簇了，就是前辈大师说的神领。心与神共同生成意，神的本质就是身体在百会这个能量的起始点上出现的拳意。

当能量在玉枕压缩百会旋转时，神瞬间出现，就像从头部顶出来一样，周身一振，能量充满全身，真气鼓荡，毛发扩张，仿佛目光都要杀向对手。练出神的人只用目光就能威慑对手不是传说，是真的。

神出现后，感觉周身通透，能量下通涌泉入地，上达天际（当然只是感觉），这就是前辈大师说的天地人合一。

以上过程叫练气化神。在这个过程中，因为周身上下连成一体，感觉到周身毛孔都能发力。由于能量增大，周身肌肉或组织器官，尤其是腿部容易发生抽搐、抽筋的现象，胃部会抽搐恶心，有时会吐胃酸。能量在尾闾、会阴的翻转不断拉动脊柱压缩旋转，这时夹脊一溜会疼，把脊柱练成虎背，脊柱就能像老虎的脊背一样传簇能量，异常巨大。夹脊疼痛消失后，能量传簇上行至玉枕，这时脖子连带下腭都很难受，好像落枕一样。

能量经过面部时五官、脸、太阳穴均疼痛，感觉能量像虫子一样在脸上爬，这是由于面部神经非常敏感的原因。

脑袋里会随着能量传簇嗡嗡鸣响，这种鸣响自身感觉非常大，鸣响的原因是能量传簇到耳朵鼓膜，导致鼓膜震动，这就是虎豹雷音。虎豹雷音不是嗓子发出的能够用耳朵听到的声音，而是内音，只有自己能够听到。

能量传簇到玄膺穴时口中的唾液会很多，犹如甘泉，咽下后能滋润五脏六腑，此为肾气上升。这时打拳除了天气奇热，几乎不出汗，体液基本在体内循环。

能量传簇到夹脊时，前透心胸，上透百会。前透心胸的能量形成心胸开合，这时呼吸才能与压缩旋转同步，实现身体的内动，即把身体练成像胳膊一样灵活，用整个身体去对抗对手的胳膊、腿。传簇到百会的能量形成虚领顶劲，这时身体才能彻底发出太极劲力。压缩旋转的下行能量与上下贯通到百会的上行能量形成头顶悬、足入地的两夺对拉之势，将身体中轴对拉拔长，这个对拉拔长能发出巨大力量，这时对手感觉到我方就是一座不可撼动的大山。对拉拔长能使脊柱发响，脊柱命门后突，整个脊柱外形如同蹲着的猫的脊背一样。

这时，身体感觉逐渐"刚"起来，没有柔的感觉了，但外表还是松的。这时打出的拳头就是周身的整劲，无坚不摧。体内感觉能量鼓荡，能量会不时不受自身控制地乱窜。

以上能量从尾闾翻转到拉动夹脊再传簇到玉枕百会这个过程就叫三关领起。三关打通了，上下贯通之力就能在周身骨骼传簇了，这时骨骼传簇能量的感觉就是骨涨劲，即感觉骨头能发力，身体可以清楚地感受到周身没有皮毛肉了，只有骨架在运动，能量在骨架中每个关节的运行都很明显，这时周身被压缩旋转成一个整体，所以整劲就出来了。

对手感觉我方发出的整劲巨大，举手投足都是整劲，仿佛推到一座山、一堵墙上，自己则感觉周身"黏糊"在一起了，能量很黏糊地运行，发出的力量肉透透的，就像橡皮筋。这时，就达到懂劲了，身体已经能够控制能量随外界因素随意转换了，即身着鸿毛之轻心神都会像抽丝一样接住放下（杨露禅先生能让鸟在手中飞不起来，当然我还远远不能达到），阴阳转换已经随心所欲了，外表体现出来就是粘连黏随。

周身整体的压缩旋转在体内骨骼经脉中形成一个能量通道，这个能量通道将周身联系起来，感觉就是周身有一条大筋抽动身体，这条筋也就是少林寺的易筋经中所追求的筋。这说明万法归宗，任何武术的终极目标都是一样的。

这条筋将周身绷成一张弹簧、一张弓、一条鞭子，能够将上下贯通之力弹、射、甩出去。但这条筋还不是最终目标，将来要把这条筋练成一条绞索，让这条绞索在体内翻滚绞绕，将周身习练成犹如机器的传动装置一样坚不可摧的技击机器。

小　结

归纳一下传统太极拳的习练过程：

一，先习练站立式重心转换，以重心转换生成压缩旋转；同时开始习练推手，此时推手主要以感受自身发力与承接对手劲力，对力有一个综合的认识为主。推手要始终伴随太极拳的习练。

二，用重心转换走桩。

三，用重心转换打套路，可以同时用重心转换习练太极五行。此阶段目的是为了习练出以心行气。此时推手要以虚实转换为主，以虚的一侧承接对手劲力，放对手劲力进来，顺对手劲力在另一侧生成压缩旋转的实，不与对手硬顶。此时可以开始习练用重心转换踢腿。

四，习练出以心行气、心神抽合后，放弃重心转换的习练，无论走桩、打套路、打五行，均用以心行气、心神抽合生成压缩旋转。此时要以腰腹折叠习练踢腿，推手要开始习练引进落空，即开始以实的压缩旋转承接引进对手劲力。

五，习练出上下贯通之力。此时打套路、打五行要用心神抽合出河车运行，练精化气，练气化神，让上下贯通之力完成在周身骨骼中的传簧，生成太极拳的神，达到心神合一，形成完整的心神抽合，完整的以心行气、以气运身。此时可以开始站桩，以习练强大的以心行气。

六，继续用打套路、打五行的方式习练凝神聚气、练神还虚，将身体中轴骨骼中传簧的能量归聚于心神，向周身其他组织器官、四肢传簧贯通。此时要完全以引进落空、借力打力推手。

七，习练八劲，着重练意，即在每个动作的每时每刻都要身含八劲之意。此时推手就要舍己从人，以八劲粘连黏随，让自身能量与对手能量阴阳转换合一，为我所用。

八，达到通、满的程度。通即周身空灵通透，内外合一；满即筋骨含力，凌空蓄发。用前辈大师的话说，达到此种程度，对手在我股掌之间，就已无伤人之意，此为太极拳的仁义。

至此就练就了纯正的太极功夫。一般人不可能练到最后的程度，但是只要按照步骤习练，几年之内很快就能够出功夫，能够赢绝大部分人，对养生健身也有其他运动不能替代的好处。

第三章

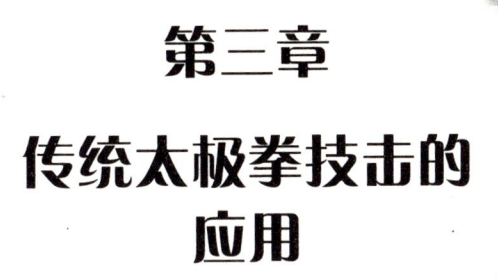

传统太极拳技击的应用

一、太极拳的能量传簇与技击的应用

太极拳要求不用肌肉紧张发力,所以外形松柔,内里却蕴含着巨大的能量,并且这个能量是连绵不断的,彻底克服了肌肉紧张发力的弊端。太极拳要求体内的混元能量运行发出球状切向力,即蓄发合一的螺旋力,以这种力量承接对手劲力顺其力而行并传簇对手劲力,不与对手劲力硬顶,能保证自己不受伤。太极拳的心神抽合、上下贯通的能量运行极少消耗体力。太极拳要求以整个身体的压缩旋转蓄积能量取代肌肉紧张蓄积能量,保证了整个身体协调一致,克服了肌肉紧张发力时各部位肌肉相互牵制、僵硬的影响,因而能发出比肌肉紧张更加强大的力量。太极拳连绵不断的能量使得太极拳的特有功夫得以实现,比如引进落空、借力打力、粘连黏随、掤捋挤按采挒肘靠、舍己从人等。太极拳要求胳膊、腿的肌肉是松的,所以上下贯通的能量驱动拳脚发力时,不受胳膊、腿肌肉紧张的限制,使得拳脚的速度极快,如开弓放箭,能将力量贯穿入对手身体而不是仅仅将对手打倒。太极拳要求浑身松柔,能量在周身混元运行,压缩旋转可以双向传簇能量,自身与对手的能量均可以通过压缩旋转传簇,身体任何部位遭到攻击都可以以压缩旋转的能量运行吞入引带对手劲力,借力打力。太极拳以内里能量运行发力,不需要空间距离,粘上对手就可以吞吐引带发力。

心神抽合先天一气使身体压缩旋转变形的同时,上下贯通的能量就从地面返上来,所以我们在习练太极拳时,身体本身的感觉是压缩旋转的本身在蓄发能量,即我们心神抽合先天一气的剧烈或平缓的程度来控制蓄发能量的大小,所以从这个意义上来说,太极拳习练的就是心神抽合压缩旋转。从我们的感觉上来说,前辈大师对太极拳的论述都是从心神抽合压缩旋转方面切入的,我们习练太极拳时,只需关注心神抽合压缩旋转,上下贯通之力是自然随着压缩旋转产生并传簇的。

能量在周天的竖向和带脉的横向运行实现了能量在体内的混元运行,整个身体均充满能量,使得身体形成一个球状能量体。周天运行的能量归聚到心神，带脉运行的能量归聚到三角区，形成一个心神到两侧带脉的大三角区，这个三角区是太极拳能量蓄发的中枢，太极拳所有的功夫就蕴藏于此，无论是引带、打击、踢腿均使用这个三角区的能量。这个三角区的能量翻转使腰腹产生折叠，使胸肩向内归聚，形成心胸开合，腰腹折叠和心胸开合是身体压缩旋转产生的最剧烈的变形，蕴含着强大的能量。

能量在体内不同部位的运行会使身体各部位产生不同的感觉和表象。腰胯是身体最先松的部分，腰胯的压缩旋转很明显，不用多说；从腰胯开始逐步向下松，膝盖开始出现压缩旋转，表象是进退步时膝盖是旋转着运动的，不再直线运动；压缩旋转贯通到脚时，脚跟部分出现压缩劲，脚踝、脚面部位出现旋转，将压缩劲向脚尖拧进，再向腿部上拧；被腿脚的压缩旋转传簇上来的上下贯通之力在命门随着脊柱的压缩旋转上行到夹脊，压缩旋转到腰腹时出现腰腹折叠，到胸肩时出现心胸开合，到头顶时出现虚领顶劲。

太极拳中轴发出的力量来源于中轴的向下压缩能量与上下贯通至百会的虚领顶劲形成的头顶旋、足入地两夺对拉之势，即对拉拔长；两仪的带脉旋转能量归聚于两仪三角区形成两仪发力；中轴与两仪共同发出球状的切向力，连绵不断，滔滔不绝。

心神抽合压缩旋转上下贯通之力的能量流在体内形成运行路径，前辈大师们将这个能量运行的路径用经络表示，就是大小周天和带脉的能量运行路径（横向的带脉能量流包括带脉、肩井劳宫、脚踝三个部位的能量流）。这个能量运行路径非常重要，把这个路径打开了，就意味着太极拳的"通"。身体通了，我们就可以用心神抽合上下贯通压缩旋转的能量流在与对手劲力的接触点上把对手劲力吞入到这个能量路径里。太极拳技击是把对手的劲力吞入我们自己的体内，而不是将对手劲力向外拨。四两拨千斤用的是身体吞入对手的劲力的方式，而不是向外拨开对手的劲力，拨开对手的劲力是三岁小孩都会的功夫，不是太极功夫。吞入对手的劲力后，用心神抽合的能量流将对手的劲力阴阳转换合一，从受力点开始沿能量路径引带到脚下，这样我们作用于地面的能量除了我们自身压缩旋转产生的能量以外，还要加上对手的劲力，我们自身的能量和对手的能量同时通过能量运行路径传簇到地面，地面的反作用力就包含了我们自身和对手的能量的总和，这个过程就叫引进落空。当对手的劲力被我们身体吞入并引带到脚下后，对手就落空了，其劲力被我吸入，处于落空失重状态，这时我们再将地面的反作用力发出去打击对手，就是借力打力。初级的借力打力需要将对手劲力引带到脚下，高级的借力打力可以直接在两仪（心神三角区）与对手劲力阴阳转换借力打力，快且刚猛。到了空灵圆活的程度，就直接在与对手的接触点上引进落空、借力打力，对手粘到我身就被发出。

太极拳发出去打击对手的能量是对手自己的能量，吞多少就吐多少，而我们自身的能量则继续周身运行。我们只是用了四两力来引带吞吐对手的劲力，而打击对手的千斤力量来源于对手本身，这就是四两拨千斤。我们自身的能量与对手的能量在接触点上通过阴阳转换合一，表象就是顺着对手的劲力走，就是太极拳的舍己从人。

从这个意义上说，太极拳练的就是身体的"通"和"满"。通是指压缩旋转的下行能量的通，满是指上下贯通的上行能量的满。随着坚持不懈的习练，"通"逐渐向"满"过渡，即"通"的习练过程就是不断地加强心神抽合的过程，当心神抽合强大到一定程度，就可以直接用心神抽合蓄发能量到身体各部位，身体不再有表象的剧烈压缩旋转变形，而是心神抽合先天一气与上下贯通之力合一直接蓄发能量，使身体达到"满"。这时，周身遍布精气神，处处是丹田，处处有手眼，能量随意蓄发，下通上满，这就是太极拳的空灵圆活。

陈长兴先生说过太极拳的最高境界就是仁义，杨露禅先生说太极拳不是用来打人的，仁义和不打人是前辈大师的谦虚，意义就是：我不主动打对手，我只是借力打力，对手的生死存亡完全取决于对手自己。

仁义和不打人是从太极拳的道德层面说的，如果从战术方面来说，是为了最大程度地保护自己不受伤，或为了保存体力，那么借力打力显然是最佳选择。但是，如果抛弃了仁义等方面的因素，真想用太极拳来打人时，那只能用这些词来形容了：横行霸道、势不可挡、翻江倒海、风卷残云！太极拳发出的是浑身的整劲，心神一抽合，四肢就开合，心神有多快，动作就有多快。这时的太极拳一般人就没见过了，快如卷地旋风，接手就顺着对手劲力往里钻，一下子将自身与吞入的对手能量全部向对手发出，对手的感觉就是被一棵巨大的树木或一堵墙横撞了一下，然后就没有然后了。

周身整体的压缩旋转产生的周身整劲是肌肉紧张发力无法抗衡的。形意拳就是以周身整体压缩旋转产生的整劲毫无顾忌地、横冲直撞地技击的。太极拳同样能够如此！太极拳也可以不用引进落空、借力打力的传簸能量的方式技击，而直接以其巨大的能量技击。

所以，太极拳的技击不在于套路动作，套路动作只不过是习练心神抽合的一种方法，根本没有实战意义。太极拳要练出来的功夫是用心神抽合能量蓄发，太极功夫是无影无形随意而发的，静如松、动如风。太极功夫使出来时根本就看不到太极拳的影子。这就是前辈大师说太极功夫到最后是无形无势的原因。

下面简单介绍一下走桩和太极五行的技击应用。

（一）走桩的技击应用

从走桩的压缩旋转的阴阳转换可以看出，当身体一侧压缩旋转蓄积能量时，身体另一侧的压缩旋转的复原（反向的压缩旋转）就是在释放能量，这就形成了太极拳蓄发、化打合一的劲力，即身体一侧用压缩旋转承接并引带对手劲力，经过阴阳转换到另一侧发力打击对手。这就是太极拳特有的借力打力，整个身体一动无有不动，蓄发合一，任何部位能蓄能发。

走桩最基本的技击应用有吞沉旋合四个阶段：

当对手拳脚的劲力打来时，心神开始起吞入之意，以胳膊或身体其他部位承接对手劲力，为吞；心神开始抽合先天一气在承接外力之处顺着对手劲力方向使身体产生压缩旋转，将吞入的对手劲力沿着自身的压缩旋转下行能量引带到脚下涌泉，使对手劲力落空，为沉旋；当压缩旋转到极致时，对手劲力被落空，心神抽合脚下涌泉能量上返至百会，身体中轴形成对拉拔长发力，两仪能量归聚心神三角区发出打击对手，为合。

吞沉旋合是太极拳引进落空、借力打力的四个阶段，是太极拳阴阳转换的具体使用。从这个层面来说，太极拳把自身练通、练空，目的就是为了在任何情况与状态下都能吞入对手劲力，与自身能量合一，经阴阳转换后再发出。

但是，走桩习练的只是身体前后的重心转换或心神抽合，即身体只能够在前后两个方向生成压缩旋转的能量传簧，这是远远不够的。要让身体在四面八方都能够生成压缩旋转的能量传簧，就需要打套路。套路动作能够让身体在任何状态下都生成压缩旋转的能量传簧，都能够引进落空、借力打力。

（二）太极五行拳的技击应用

太极五行拳的技击方式是不管对手如何，我就要打你。对手拳脚发力过来我出拳打，对手阻挡我也出拳打，打就是防，防就是打。因为心神抽合的巨大能量，几乎没有其他功夫能阻挡五行的能量。

但太极五行拳的本质也是蓄发、化打合一，前手打出后即停留于前"放哨"，随时引带吞入对手劲力，后手则随时蓄发，以压缩旋转的下行能量引进对手能量，吞化对手劲力。

太极五行拳的劲力也是连绵不断的，即心神抽合压缩旋转在两仪两腿之间阴阳转换，所以前拳即便打出后依然能继续前打，令对手防不胜防。

太极五行拳可打胳膊长的劲力，也可以同样的方式用肘击打，也可以同样的方式体靠；又可拿器械以同样的方式发力，器械相当于胳膊的延长。

太极五行拳近距离格斗时，心神抽合身体压缩旋转的速度极快，且压缩旋转的外形劲力如剃刀般旋转，杀伤力极大。

太极五行拳由于不用肌肉紧张发力，胳膊肌肉放松，周身如弓，拳头似箭，发出的能量能贯穿对手身体。

实战时，要向对手身上钻，与对手贴脸，前手将对手打来的劲力吞入后就钻进，贴哪打哪，打哪都能打到对手的内脏里去。

太极拳有两种技击方式：一是以绝对能量技击；二是以能量的传簧方式技击。太极五行功夫是使用上下贯通之力直接打击对手，即用自身能量与对手能量硬顶，而太极五行拳的引进落空、借力打力则是利用能量的双向传簧性技击。两种技击方式相得益彰，视实战情势、对手情况灵活运用。

二、太极拳的各种功夫

太极功夫的外表会体现出很多形式，比如松、听劲懂劲引进落空、掤捋挤按采挒肘靠、缠丝劲、空灵圆活、粘连黏随、借力打力等。这些功夫只有一个来源，就是太极拳心神抽合压缩旋转的发力方式。太极拳这种发力方式犹如一棵大树的主干，各种形式的功夫就是这棵大树上结出的果实。

（一）松

许多人将松理解成习练太极拳时不用力，在大脑意识里求松，这是错误的。打拳不用力，只凭胳膊外形动作的四两拨千斤是要挨打的。大脑意识里再松，因为身体本身是紧的，交手了也是肌肉紧张的硬顶。

松是习练的结果，不是习练的过程。松是太极拳在肌肉不紧张状态下以心神抽合压缩旋转的方式发力，并且要让身体的各个部位都学会以压缩旋转的方式发力，所以从外表看是"松"的，内里却蕴含着比肌肉紧张发力更刚猛的力量。以这种发力方式发力就不会与对手劲力硬顶，而是用心神抽合吞入对手劲力到自身体内，通过心神抽合的精气神游走形成的阴阳转换，将对手劲力与自身劲力合一再打出去，这就是太极拳的借力打力，是太极拳的精髓。

所以，"松"的实质就是抛弃肌肉紧张的发力方式，让身体本身而不是大脑学会心神抽合压缩旋转发力。松是太极拳习练出来的最基本的功夫，是学会了心神抽合发力的表象。

(二) 听劲、懂劲、引进落空

学会了心神抽合的发力方式后，身体本身而不是大脑会对自身和外力有了一种感知，或者说太极拳就是一门让身体本身理解自身与外力的技术。心神抽合将自身抽合出一个能量通道，使得上下贯通提引上来的脚下能量在这个通道内无穷无尽地游走、转换，这是太极拳与外家拳力量的区别。为什么太极拳说身体是空的，就是因为身体被习练成一个能量通道，自身的能量（精气神）在这个通道里随着心神抽合随意游走，空灵圆活。身体被抽合成一个能量通道后，对手的劲力无论怎么打向我，在接触点都会被我自身的能量引带吞入到我自身的能量通道，在能量通道内与自身精气神通过阴阳转换合一，变成自身能量再发出打击对手。而对手的劲力被我吞入后就落空了。这就是太极拳的吞吐，是太极拳基本的技击功夫。

身体习练到这个程度，就是懂劲了。懂劲不是大脑意思对外力的反应，是身体本身能够双向传簌能量，是太极拳的拳意。

太极拳的听劲懂劲引进落空的本质是吞吐。听劲懂劲是身体用心神抽合习练出来的一种条件反射式的对外力的反应，不是大脑意识对外力的反应。

(三) 缠丝劲与抽丝换力

缠丝劲不是指表象的胳膊像螺丝一样拧进，而是指内里的混元劲。身体的任何部位都可以发出缠丝劲。心神抽合压缩旋转贯通发力时，压缩形成竖向圆切力，旋转形成横向圆切力，合一为混元力。其实精气神在体内总是以混元力的方式游走的，这种力量贯通到胳膊就是缠丝劲，虽然表象看不出拧裹，但是遇到外力就体现出来吞吐了，对手顶就吞，对手卸就进。如果认为表象的拧裹就是缠丝劲，那么你就找个人试试，看看表象的缠丝比冲拳有没有优势。

以心行气强大到一定程度，心力就像一条绞索在体内翻腾，绞动四肢运动。当心力贯通到身体、四肢时，如一根筋一样牵动身体运动；当心力贯通到四肢梢节时，就像抽丝一样抽动四肢，此为抽丝。

为什么在心神像绞索一样强大的能量传簇到梢节就变成抽丝呢？由绞索到筋到丝，为什么越来越小呢？

这就看我们怎么样使用太极拳的上下贯通之力了。假如我们要直接打击对手，那么完全可以将强大的心力传簇到梢节，让梢节同样发出如绞索般的劲力，而不是抽丝劲，如同形意拳的发力。

但是，太极拳崇尚借力打力，自身能量在周身运行而不发出，引进对手之力使其落空再借力打力，所以在梢节是不能有强大的能量的。梢节是吞吐对手能量的起点，目的是为了引进对手的能量而不是与对手的能量对抗，所以梢节之力就要细若游丝，让梢节达到压泰山而不垮，加一羽而不浮，才能够粘连黏随进逼对手劲力，梢节的丝连接着体内的绞索，绞索的绞动要视丝的受力而发。如果梢节的劲力感知到对手的能量进来，则中节能量开始下行引进；如果梢节的劲力感知对手能量卸去，则中节能量开始上行贯通。梢节的抽丝引起中节能量变化，由抽丝转换成中节能量，即为抽丝换力。

杨露禅先生手中的鸟飞不起来，就是抽丝的功夫，对于细微的劲力都能引进落空。

（四）粘连黏随

这个功夫的实质就是松紧，通过自身能量瞬间不断的阴阳转换与对手的劲力合一，紧逼对手的劲力。对手的劲力进来我就松吞，引进落空；对手卸力我就吐出，借力打力，让对手无所适从。这是掤劲的基本功，没有粘连黏随就不会掤。

（五）以静制动，后发先至

太极拳在不主动攻击对手的引进落空、借力打力的技击方式下，以传簇对手能量为主，即用对手自己的能量打击对手。这种技击方式就要等到对手的能量打过来再传簇其能量，此为以静制动。

对手打过来的能量被我引进，此时对手落空，而我蓄发合一，引进落空的同时就借力打力，所以不论对手怎样攻击我，总是对手先遭到我的打击，此为后发先至。太极拳独特的能量传簇方式总能够占领先机先势。

（六）借力打力

这是太极拳的终极功夫，是太极拳的实质。陈长兴先生说太极拳就是仁义，杨露禅先生说太极拳不是用来打人的，都出自于太极拳的借力打力，即对手的生死存亡都在于对手自己而不在于我。交手时，用我方心神抽合的太极劲吞入对手的劲力，太极劲到丹田后生成两仪，两仪的阴阳转换将对手劲力与自身能量合一，变成自身能量再发出打击对手。

（七）掤捋挤按采挒肘靠

1. 掤劲

掤劲的实质是将上下贯通之力贯通到胳膊，与外力接触后，通过与外力不断的阴阳转换将外力像水载舟一样托起，让外力没有根基。这种在瞬间与外力不断地阴阳转换合一的功夫就是太极拳的松紧。学会了松紧，就会紧逼对手的劲力，对手发力我就松吞，对手卸力我就紧打，瞬间的多次吞吐，让对手没有任何喘息机会，这也是粘连黏随的实质。

掤的方向不只是向上，上下左右都可以掤。如果对手的劲力处于"收"的状态，比如对手两条胳膊是闭合的，那么掤就不要让对手的胳膊打开；如果对手的胳膊是张开的，那么掤就不要让对手的胳膊合拢。总之，要让对手劲力浮起没有根基，不能继续发力，而使自身随时处于先机先势。

掤劲在上下贯通之前无法使出，上下贯通后，无论对手的劲力多大，都能很容易地由三关贯通上来的能量把对手的劲力掤起来。三关不通，就无法使出掤劲。三关不通而故意向上使劲，那不是掤，是一种向上的劲力，不会有掤的拔根效果。

拔对手的根基不是在脚，而是在对手的劲源，如果对手的劲源在胳膊，那么掤对手的胳膊就会拔掉对手根基。

2. 捋劲

使用捋劲得顺对方之来势，自己用意拿捏得恰到好处，既轻灵不能丢，又沉稳不能顶，引之使对方劲力延长，力尽自然空，自身要以心为轴，做到中正安舒。捋劲既有引进落空之意，又有借力打力发人之用意。捋劲必须以心脉中宫为轴，上下贯通，左右两翼转换灵活，有支撑八方之势，使用捋劲才能得心应手。

捋意为引进对手的劲力，对手的劲力不进来都不行，你不进来我就捋你进来。

3. 挤劲

挤劲在双方交手过招时，对方出手击打或推发时，我以中宫为轴，引化开对方来势，和对方结合一处，对方一击不中，前劲发完被我引化掉，后劲再发之际，我用合挤之劲，将对方劲源挤住，使他没有发放的空间，做到我得势，对方不得势，我顺势将对方挤发出去。挤劲一般是随着掤劲、沉劲、按劲一起使用，效果会更明显。

4. 按劲

按劲不间断，运用似流水，柔中带刚，有空就钻入。按劲的用意就好像大江急流波涛起伏势难挡。按劲要得机得势，在与人交手或过招时要意气结合，身手合一，由里往外，以臂或手按住对方的某个部位。不要直接采用按劲，要有开合引进之意。

按的目标是对手的劲源，而不是对手的身体。感知到对手的劲源后，就要拔起对手的劲源，不让对手发力，所以按的方向不一定是向下。

5. 采劲

采劲在太极拳里起到纽带作用，无论是打拳或与人交手，在转换前的一刹那，都得有采意，即迎着对手劲力掤，对手加力时我突然下采压缩旋转，使对手落空。采也就是压缩旋转的下行能量引带对手劲力。使用采劲要内外结合、上下贯通，内劲推动整体带动四肢，使用内劲要整要脆，有缩小、连绵、巧极、速冷、弹脆之意。采劲运用好了可以小力化大力，四两拨千斤。

6. 挒劲

挒劲运用煞气十足，旋挒起来好似飞轮。运用恰到好处时，能把人甩挒出去几米远，好似急流成漩涡卷，挒劲既有螺旋又有折叠。不管是人还是物，与挒劲结合到一处，就会被沉浮挒发出去。挒劲一般运用时刚阳劲稍大一些，它要求左重则右轻，右重则左轻，以心为轴中宫运化，劲源由里往外，沉旋采挒合在一处，身手合一运用自如。在与对手交手过招时，一手引化合住对方膀臂的中根部，另一只手粘黏住对方的腰部，阴阳转换蓄势向外横拨旋挒，使对方后仰或跌倒，或甩挒出很远。

挒的实质就是上下贯通之力的旋转传簇。

7. 肘劲

肘劲用法有很多种，上下肘，左右肘，前后连环肘，左右连环肘。掤捋挤按采挒肘靠八种劲法，都和肘劲有关联。此八种劲法都运用身肘手。肘劲是由里往外曲臂将手抽收于胸前，由肘为头，击打对方。在拳、掌、指、腕击打对方不得机得势的情况下，缩小敌我之间的距离，以身带肘身肘合一，攻击对方比手法更加威猛，一般专攻击对方的心窝软肋及胸腔。运用肘法必须有身法，眼法，步法的配合，才能有效，要不很容易被对方乘虚而入。切忌单一使用肘法，单一使用肘法棱角过多，容易暴露自己的劲路和走向。最好是练到一动无有不动、周身一家的情况下再用此肘法。

8. 靠劲

靠劲用法很多，有肩靠、肘靠、胯靠、头靠、身靠，有正靠、斜靠、背靠。无论何种靠法，一旦有机可乘，着上靠劲威力极大。靠法的运用要有很多劲法，如松劲、沉劲、螺旋劲、粘黏劲、顺劲、采劲、贯通劲的配合才能有效。靠劲为肢体靠劲、整体靠劲和内里靠劲。肢体靠劲，在与对手近距离搏击时，手肘被对方困住、施展不灵的情况下，运用胯腿配合着肩，靠打对方。整体靠劲，在与对手过招较技时，和对方缠绕在一起，手肘施展不灵活的情况下，使用靠劲，要心胸开合、腰腹折叠，要下沉蓄势，腰腿发劲要整，要有步法的配合，在和对手皮肢将要接触的一刹那，使用靠劲，方可奏效。内里靠劲，要求内里要有涨缩、挤压，富有弹性，转化要有空间，内外要结合，上下贯通，三关能领起，劲源能凝聚运行。与对手近距离交手，手脚肘施展不太灵变的情况下，使用内里靠。内里靠不单是肩靠、背靠，以心为轴要节节贯串，以气运身劲源任何部位都可以发出，如腹靠、背靠、胯靠、膝靠、头靠都可以。使用内里靠要有化劲、截劲、贯通劲配合，和对方缠绕在一起的情况下，我把对方的劲源截断，使对方没有发力点，发不出劲力，我则身具涨缩，体内有运化空间，可以靠打对方任何部位。

（八）凌空劲

凌空劲并不是指隔山打牛一样的神奇传说，太极拳只是一种技击术，不是迷信。

凌空劲是指太极拳的能量在体内传簇并充满周身，所以发力不需要空间距离，身体各部位在任何状态下都能够发出周身整劲。比如，太极拳在胳膊已经伸直的情况下依然可以将上下贯通之力贯通到拳头，好像这个劲力是不需要根基而凌空发出来的一样。

太极拳的功夫是内里的功夫，外表是无形的。以上介绍的一些太极功夫，不是太极功夫的全部。太极拳的实质是一种发力方式，在这种方式下所发出的所有能量均为太极功夫。比如说，可以用太极拳的发力方式打拳击、散打、擒拿等，用太极拳的发力方式实战格斗，也都是太极功夫。

三、八劲的具体运用

基于太极拳不与对手能量硬顶而是传簇对手能量的技击方式，自身与对手之间的能量传簇就需要粘连黏随。粘连黏随的目的是保持与对手的外形接触以与对手实现能量传簇，直至将对手能量引进落空并实现借力打力。

自身能量与对手能量之间的阴阳转换方式可分为八种，即掤捋挤按采挒肘靠。八劲就是要以松紧与对手粘连黏随，对手发力我就松吞，对手卸力我就紧吐，让对手无所适从，我则借力打力。此八劲接手就使出，蕴含在举手投足之中，所以八劲是无形无势的。将八劲理解为一个固定的套路动作是错误的，身体处于任何一种形势均可使出八劲。太极拳套路练的就是八劲，而不是套路动作本身。八劲均蕴含吞吐，任何一种劲力都会在阴阳转换中吞吐对手劲力，任何一种劲力都可能实现借力打力。

太极拳的能量来源于上下贯通的能量，技击时接手就要使出这个上下贯通之力，此为掤。掤之力可将任何对手打来的劲力向上掤起，如水浮舟，让对手没有根基。掤劲是贯穿八劲的，即任何其他一个劲力之中均蕴含向上的掤劲，其作用就是拔对手的根，即对手的劲源。对手被掤起后，功夫好的，会松下来以压缩旋转吞入掤劲，我则用松紧与对手粘连黏随，对手发力我就松吞，对手卸力我就紧吐。对手如果不会压缩旋转吞入并传簇掤劲，只会无谓地松沉，就会被掤掀翻。如果对手被掤后硬顶，我则由掤转换为捋，顺其势吞入对手硬顶进来的能量；如果对手撤劲，我则由掤转换为挤，跟进对手，挤住对手劲源；接触到对手劲源就转换为按，按为与对手劲源的直接接触；然后转换为采，采为纯粹的吞，将按接住的对手的所有能量一并吞入并传簇到脚下，提引上下贯通之力；经过采，对手已经落空，会与我贴脸，我由采转换为挒，就能把对手掀翻；如果挒不成功，又与对手贴脸，此时可肘、靠。如果对手功夫好，双方就要经过多次吞吐的阴阳转换，比的就是双方谁的功夫更好了。一般来说，双方都会八劲吞吐的，谁也赢不了谁，这时就要打了，即不用借力打力，直接传簇能量到拳脚打击对手。

掤为万劲之母，引进落空之始；捋挤为粘连黏随的主要手段，按为堵住对手的劲源，实现与对手劲力的直接接触，为采做准备；采为吞；挒、肘、靠为吐。实战中双方能量胶着，任何一劲不可能一次性成功，需要多次的阴阳转换。比如说捋挤，在捋挤过程中，对手发力就要吞入，对手卸力自身就要吐出，紧跟对手劲力，抢占先机先势，一步一步接近对手的劲源。八劲也不是按顺序使出的，可以随时转换。掤只要使对手落空了，就可以直接挒、肘、靠。对付多人时，就不要用八劲吞吐了，而要用上下贯通之力直接打击对手，来拳就打对手的拳，来脚就打对手的脚，对手的劲力越大，上下贯通之力的贯穿力越大，因为对手的肌肉紧张不能传簇能量，是一根杆，只能全部吸收打来的能量，所以肌肉紧张发力的人对太极拳的拳头的感觉就是"震"，一处遭受打击周身皆垮。

一般的太极习练者，三五年左右可以习练推手实战，实战中只要接住对手第一下进攻便主动上前与对手贴脸，将对打转换成推手，一般的习武者就赢不了你了。但是如果要参加现代的格斗技击比赛，非七八年以上功夫不可。对付现代格斗术，必须要把身体练满，达到用胳膊就能吞吐对手劲力的程度，心神抽合也要强大到抽合身体比肌肉紧张发力更迅速。现代格斗术的特点就是又快又狠，实战期间对手不会给你引进落空的机会和时间，所以就要尽量与对手贴脸，不给对手肌肉紧张发力需要的距离，而太极拳能量传簇在内里，发力不需要空间距离。对于对手移动很快的，就需要心力强大到一定程度，即便不用吞吐，也能凭借周身整劲硬碰硬地与对手对打。

我们知道太极拳的振兴是绕不开擂台的，所以我们已经开始将培养年轻弟子参加格斗比赛作为当务之急。让太极拳适应现代格斗术的对抗，这也是我们这一代人对太极拳的发展。

四、太极拳的养生健身功效

武术讲究练养结合，太极拳也不例外。当学会心神抽合后，身体启动先天一气提引上下贯通之力，会逐渐加强先天一气，就是对人体能量和活力的锻炼，尤其对于心脏的锻炼更是无可比拟。当心神抽合能量上下节节贯通时，能量经过四肢百骸，孕化骨骼关节。当凝神静气能量归聚心神三角区时，能量孕化五脏六腑，五脏六腑之间互相生成能量传簇，阴阳相生，互补相济。

具体来说，心神抽合习练的是心脏机能，强壮心脏，滋养心血。心神抽合先天一气，而先天一气为人体吃饭、喝水、呼吸获得的能量，心神抽合先天一气就是心神在与消化、呼吸系统进行能量转换，促进消化、呼吸系统的活力。先天一气转换成周身整体的压缩旋转，压缩旋转与上下贯通这两个上下行能量在骨骼中传簇，将骨骼对拉拔长，不但能够强健骨骼，还能够治愈许多骨骼疾病。能量在脏腑的传簇，相当于直接按摩脏腑，增强脏腑机能。能量在百会的传簇能够打开泥丸，实现自身能量与周围环境能量的沟通交流。能量传簇到眼睛能够健目；能量传簇到牙床能够固齿；能量传簇到耳鼻能够通耳鼻；能量在尾闾会阴的传簇生成精，能够增进性功能，等等。总之，能量传簇到周身什么部位，就能够增强这个部位的功能。如果没有体内的能量传簇，只打太极拳套路，其健身作用与散步、浇花、游泳等运动无异。

下面介绍几种太极拳的健身方法。

1. 松柔法

首先把身体各部位松开，以心神为中，松腰坐胯，胯膝就有鼓胀之意，脚踝有压缩之感，十脚趾松开，涌泉穴微向内合，和十脚趾相合形成脚与腹部丹田的能量传簇，脚跟和脚掌独阴穴有折叠之感，上肢松肩沉肘、松颈，以心为轴，要练习沉腕、震腕、活腕，慢慢练出十指贯通，和劳宫穴形成手腹能量传簇。慢慢形成肘不离肋、手不离胸。练习以心为轴，尾骨松沉下垂，把夹脊穴催开，形成尾骨一松透夹肌，夹肌一松透前胸，练出心胸开合、腰腹折叠。呼吸要均匀，由鼻式呼吸转化到胸式呼吸，两手随着呼吸吸入自然用内劲掤起，高不过肩，腰胯松沉；双膝随松沉做到曲中求直，随着呼气手自然回圆，腰胯膝也自然松开。经此反复练习身体各部位自然松通。

2. 丹田运用法

以中宫丹田为轴，腰胯自然松开下沉，左右旋转，丹田带动肩胯及四肢，进行左右旋合重心转换，练出左重左化蓄右相随、右重右化蓄左相随。两手合住丹田，左右揉丹田。两手托住丹田，形成上下前后搬丹田。两手合拢，随着吸气，一吸一砸，称之为砸丹田。此练法能气沉丹田，把丹田气练活，意想周身内外的散气随着呼吸把散气沉入丹田，慢慢形成规律使丹田养气。丹田气满才能以中宫为轴先天一气运化全身，多练吞劲、化劲、折叠劲、螺旋拧裹劲及阴阳抽合排打，将身体的经络，以及七经八脉全都抽合拍打开，慢慢练出心神一动无有不动，节节贯串，节节贯通。

3. 运化法

由胸式呼吸转化为腹式呼吸，以心意为轴，要空心实腹，前后心相通，松腰坐胯，松肩沉肘，尾骨下垂，以中宫为轴两手随着尾骨松沉自然抽起，抽起的同时中宫随着意念把丹田气运遍全身，此为吸气。呼气得把此气运化返回丹田，两手自然回圆，经此反复练习，慢慢把中宫里的中心找出来。此中心为人身之母气，即先天一气。只有先天一气启动运活，才能去僵生柔，内外结合，节节贯串，此时再练阴阳转换，左重则左化蓄右相随，右重则右化蓄左相随，左右转换相辅相成，阴阳相合相生，阴极生阳，阳极生阴。由此反复练习，才能做到以意领气，以气运身。

小 结

归纳一下传统太极拳技击的应用过程：

一，东西方任何技击术习练到得心应手时都会出现拳意，即不用大脑指挥而完全靠身体习练出的条件反射技击。太极拳意识到了这个问题，所以在习练过程中就开始习练意，具体习练方式就是对八劲的习练，即吞沉旋合。

吞为起意，身体处于空灵状态，精气神周身传簇而不外发，不着一力，不着一意，即以无力无意为意，有意无意是真意。一般人不太理解，需要长期习练才能达到有意无意的统一。

有了吞意，周身空灵，才能够让身体处于承接对手打来的劲力的敏感状态，以无意无力的状态接敌，才能够舍己从人，才能够顺对手引进落空。有意则僵，有力则顶。

只有接触到对手劲力才开始将精气神外发，或以沉旋，即压缩旋转顺对手之力引进，或直接以精气神打击对手。

待对手劲力被我引进到脚下落空时，再发出上下贯通之力打击对手，为合。

二，上下贯通后，最先出现的是掤劲，即下贯通之力形成的向上的劲力，向上的劲力就能够在与对手接触的力点上拔去对手的根基劲源，对手的反应就是向下对抗掤劲，我则顺对手下行劲力以沉旋引进，也可以直接用掤劲掀翻对手。

三，掤劲贯穿于八劲之中，任何劲力都要带掤劲。有了掤劲就将对手劲力调动起来，然后可视对手反应再应用其他劲力引进落空、借力打力。

四，八劲均是有意无意是真意，舍己从人，而不是自己预先设置好技击方案。以掤劲接敌后就形成粘连黏随，在粘连黏随中用八劲与对手劲力进行阴阳转换。所以八劲的本质就是自身能量与对手能量之间的阴阳转换，不要刻意将八劲严格区分，舍己从人才是拳意。在习练套路中要时时刻刻身含八劲，每个动作的每一瞬间都要在四面八方开合自如。

看高手打套路时，每个动从来不是直来直去，而是前后左右有微妙的"晃荡"，那就是在练意，在感觉每个动作的每一瞬间在四面八方的八劲阴阳转换——这也是太极拳套路打得缓慢的原因之一。

五，精气神的能量是技击的武器，心神意是精气神的主宰。心神抽合精气神形成意，意支配八劲粘连黏随。所以从技击的角度来说，太极拳就是一个先习练心神抽合精气神，到后期专门习练意支配精气神去技击的过程。

编 辑 征 稿

　　当代社会，太极拳具有健身、养生、表演、修心、医疗、技击等多种价值。这些价值是随着社会的变迁而变化发展的。太极拳的技击价值在太极拳的当代多元价值中，已经成为一个较为专业的课题。我们无须指责大众群体以健身、养生为主要目的去习练太极拳，这是时代的选择，也是太极拳绵延发展、代代不息的群众基础。既然太极拳的技击价值是我们习练太极拳达到一定境界后的追求，那么我们就把它当作一个专业的课题进行专业的讨论，深奥的话题进行深奥的探究。"太极拳技击解密系列"目前所出的三本图书，是初步的探讨，是抛砖引玉，我们希望还有"之四""之五""之六"……越来越多的讨论加入进来。如果您有这方面的思考、体悟、探索、实践，并有较好的文字功底形诸于文字，欢迎投稿58519374@qq.com。